自分で結ぶ
結んであげる

付け下げ・色無地・小紋・紬に

おとなの半幅帯結び スタイルブック

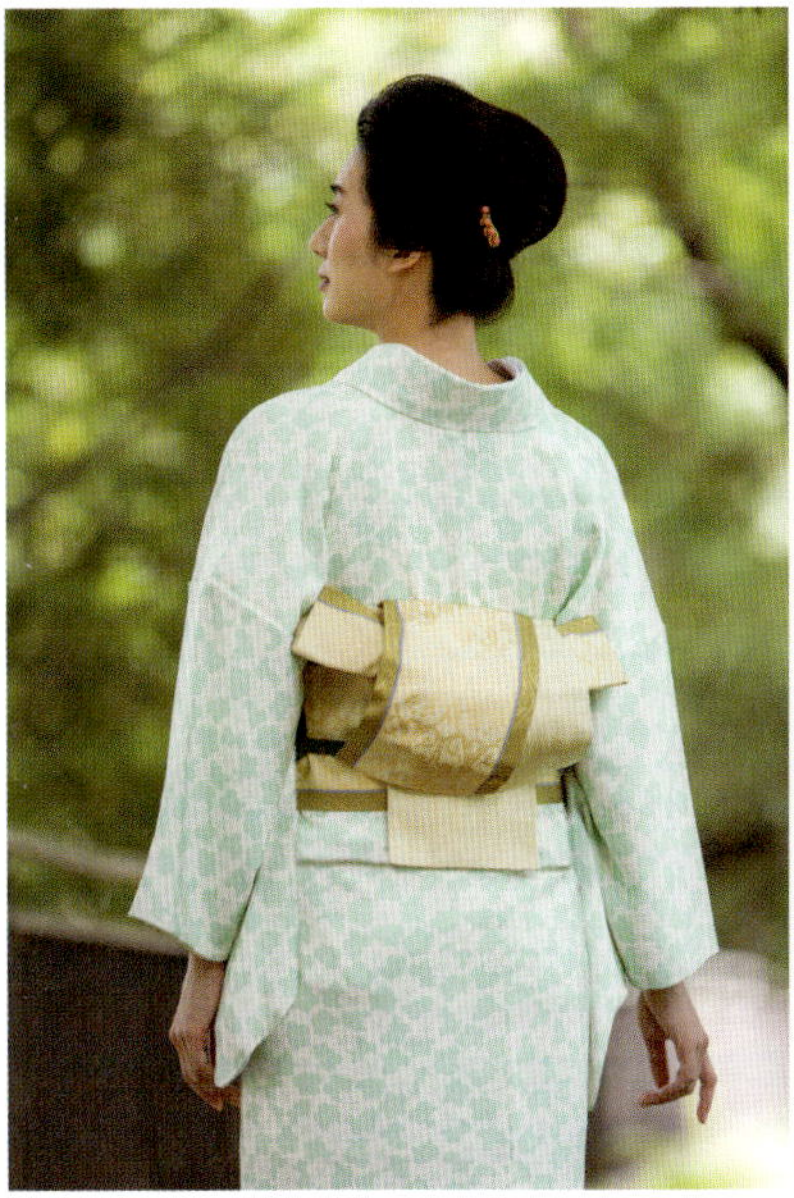

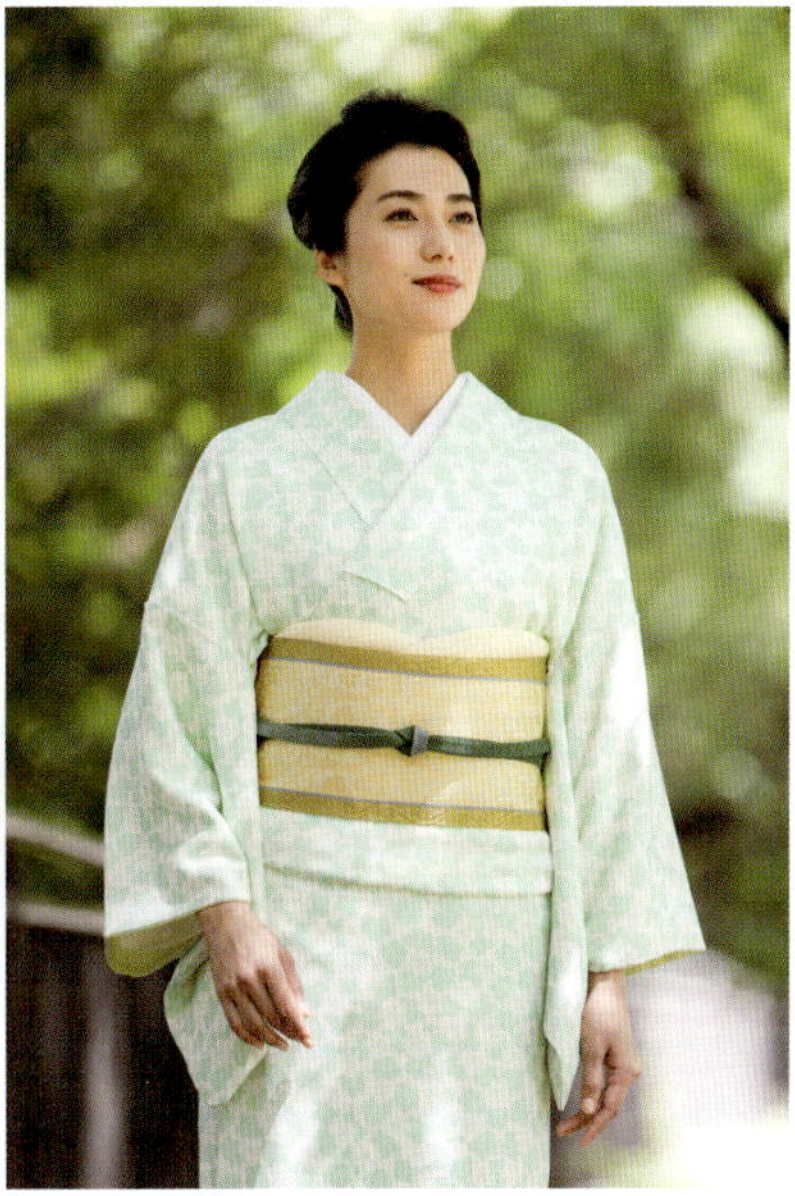

世界文化社

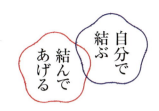

はじめに

大切にしている帯結びの基本は、折って、たたんで、ひだをつくり、布目を通して結ぶことです。

きものを着るために腰に巻いた紐《ひも》、これが帯の始まりといわれています。
やがて幅が少しずつ広くなり、装飾的な要素がプラスされて、現代のような帯が生まれました。
今は帯幅八寸《はっすん》（約30㎝）や九寸《きゅうすん》（約34㎝）に仕立てた帯が主流ですが、半幅帯の帯幅はほぼ半分です。
生地の量も少なくてすむ半幅帯は、軽くて扱いが楽。そのため、主に普段着に締められてきました。
最近はもっぱら浴衣《ゆかた》の帯として定着していますが、それだけではもったいないほど、
半幅帯には機能美が詰まっています。その魅力をお伝えするために、
本書ではあえて、浴衣以外のきもの、付《つ》け下《さ》げや色無地《いろむじ》、小紋《こもん》、紬《つむぎ》などに合わせました。

冠婚葬祭やお茶席など、決まり事のある場面以外なら、どこへでも締められますが、
半幅帯をお洒落に装うポイントは、上質な素材選びときものに合わせた帯結びの形、
そしてあしらいに、帯揚《おびあ》げと帯締《おびじ》めを使うことです。

本書では、大人が似合うスタイリッシュで華やぎのある結び方を提案していますが、
継承されている伝統の結びを基本に、現代風にアレンジしたものが中心です。
自分で結ぶだけでなく、人に結んであげる方法も紹介しています。

同じ長さの帯で結んでも、体型や結び方によって、**て**や**たれ**の長さが微妙に変わり、
写真と同じように結べない場合もあるかもしれませんが、
自分なりのアイデアや工夫もプラスして仕上げてみましょう。
あれこれ結んでいくうちに、「これ、いい感じ！」というスタイルが生まれるかもしれません。
それこそがほかの帯にはない、半幅帯ならではの自由と楽しさなのです。

弓岡勝美

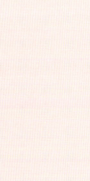

付け下げ・色無地・小紋・紬に

おとなの半幅帯結び スタイルブック

目次

＊本書で紹介するきもの、帯、小物については、「壱の蔵 青山サロン」（☎03-6450-5701）までお問い合わせください。

半幅帯結びの基本❶

てとたれ

てとたれの関係

半幅帯に限らず、名古屋帯や袋帯にも**て**と**たれ**があり、どちらも帯の両端の部分を指す名称です。結びの形をつくるほうの部分を**たれ**といい、その反対が**て**（手掛けとも呼ぶ）になります。

　名古屋帯や袋帯は、形状や柄付けによって、**て**と**たれ**の見分けがつきやすいのですが、全体に続き柄の半幅帯の場合は、基本的にどちらが**て**でも**たれ**でもかまいません。自分で**て**と**たれ**を決めたら、まず**て**の長さをとって、胴に巻いていきます。

　半幅帯の場合は、帯を胴に二巻きしたら、必ず**て**と**たれ**

てを上に結ぶ

胴に帯を二巻きしたら、**て**と**たれ**を結びます。**て**が上、**たれ**が下になるように結ぶものを「**て**先結び」といいます。文庫系帯結びはこちらの方法で。

を結びます。**て**を肩などにあずけておいて、**たれ**で帯の形を構築していくものが主流。そして、最後に帯の形を**て**でまとめて仕上げます。**たれ**でつくった帯の形が上手くできなくても、**て**でカバーすることで思いがけず、素敵な帯結びになることもあります。

半幅帯のサイズ

半幅帯の一般的なサイズは、幅15～16㎝、長さは3m60㎝以上。最近は帯結びが多彩になったために、幅17㎝、長さ4m20㎝前後のものも豊富です。帯を選ぶときは、色柄、素材だけでなく、サイズも大切なポイント。本書で紹介する帯結びは、参考のために帯の長さを明記しました。

たれを上に結ぶ

てが下、**たれ**が上になるように結ぶものを「**たれ**先結び」といいます。貝の口系、お太鼓系などはこちらの方法が主流。

半幅帯結びの基本❷

帯結びに使用するもの

帯枕

半幅帯には細いものが便利。薄手のタオルを細長く巻いて、帯揚げに包んで使うとよい。これは、コンパクトな半幅帯専用に考案したオリジナル。

半幅帯

きものに調和する半幅帯を用意。結びたい帯の形が決まっている場合は、あらかじめ帯の長さを確認して。

帯板

ゴム紐付きが使いやすい。帯を結ぶ前につけておく。こちらはヘチマの繊維を使用したオリジナル。

帯揚げ・帯締め

きものと帯に調和するものを。必ずしも必要なものではないが、本書では華やかさを演出するために使用。

仮紐

てやたれを押さえるのに、二本あると便利。これは、幅1.5㎝、長さ128㎝と、必要最小限にデザインされたオリジナル。

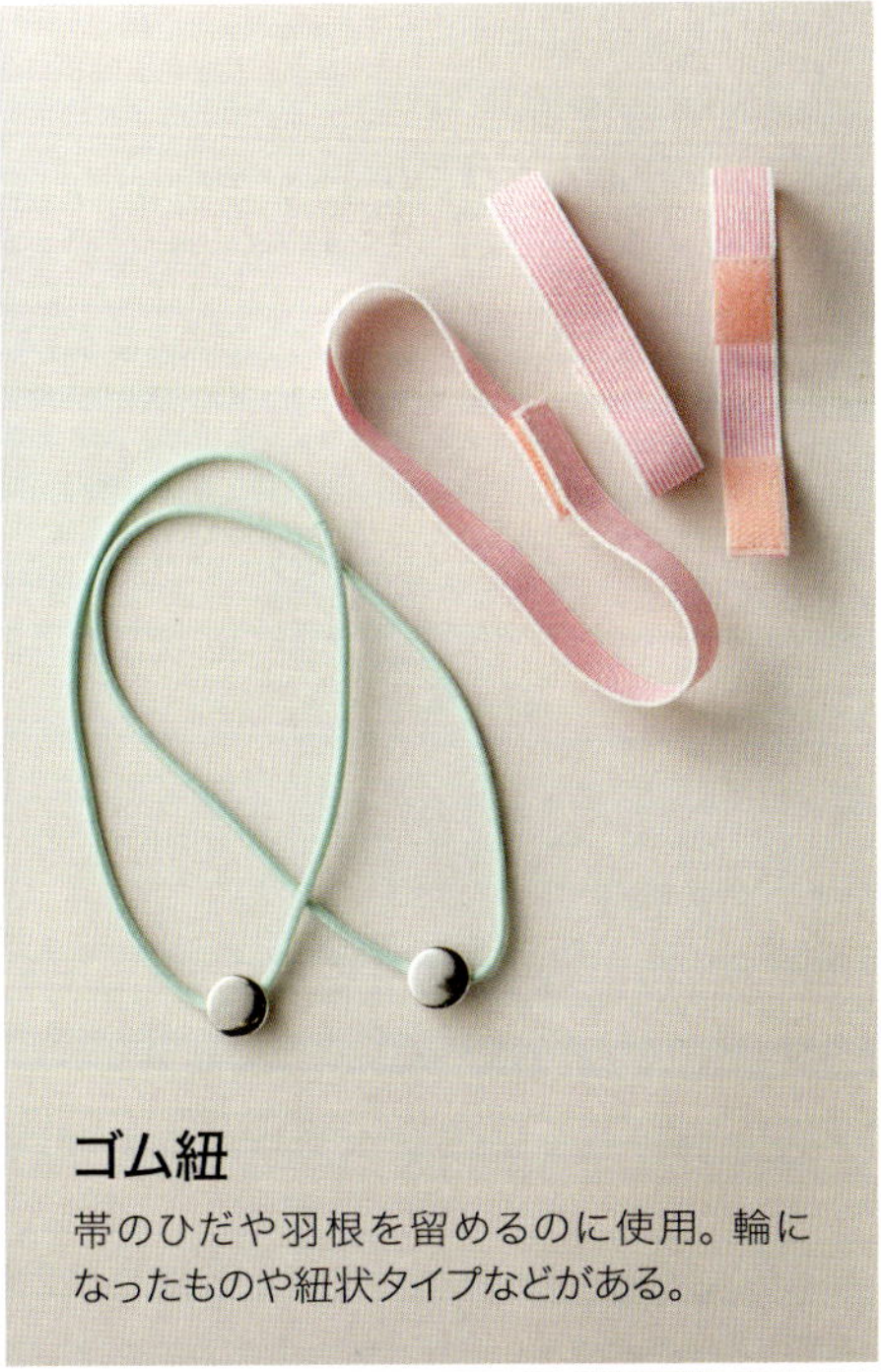

ゴム紐

帯のひだや羽根を留めるのに使用。輪になったものや紐状タイプなどがある。

クリップ

帯や仮紐を留めたりするときに使用。ちょっとしたアシスタント代わりになる便利小物。

三重紐

羽根をたくさんつくるときに便利なお助け紐。四重紐もあり、紐がとり外せるものも。

半幅帯結びの基本③

てを長さを決める

帯の片方の端、ての長さを決めることから帯結びが始まります。
ての長さは帯の結び方によって変わりますが、40～60㎝が主流です。
メジャーや物差しを用いて測ってもいいのですが、
もっと手軽で簡単な方法があります。
ここでは代表的な三つの方法を紹介します。

自分の体で測る

自分の腕を物差し代わりに使うことができます。最初に腕の長さを測っておき、それを目安にての長さを測ります。腕の長さより、ての長さを短くとりたい場合や、逆に長くとりたい場合は、適宜調整します。

帯幅で測る

半幅帯の幅は、15 ～ 17㎝。このサイズを利用して測ることもできます。帯幅を対角線に折っていく方法です。

手幅で測る

腕を伸ばせないときは、手の指を目いっぱい広げた手幅（親指と小指の先端を結ぶ長さ）で測ることもできます。女性の場合は、手幅一つ分は15 ～ 17㎝。自分の手幅を測っておくと便利です。本書では17㎝として、手幅の寸法を割り出しています。

半幅帯結びの基本❹

帯板をつける

きものを着て伊達締めを結んだら、その上にゴム紐付きの帯板をつけます。自分で結ぶ場合も帯板が前になるようにつけますが、帯姿を美しく見せる二つのポイントを覚えておきましょう。

STEP1

帯板をつけてゴムベルトを留めたら、ゴムベルトを上に移動します。こうすると、前の帯板の下が体にフィットし、上に空間ができます。この状態で帯を結んでいくと、帯の上にゆとりがあるため、仮紐や帯枕、帯揚げなどの紐類の処理がしやすく、胸が苦しくなりません。

上にゆとりができる

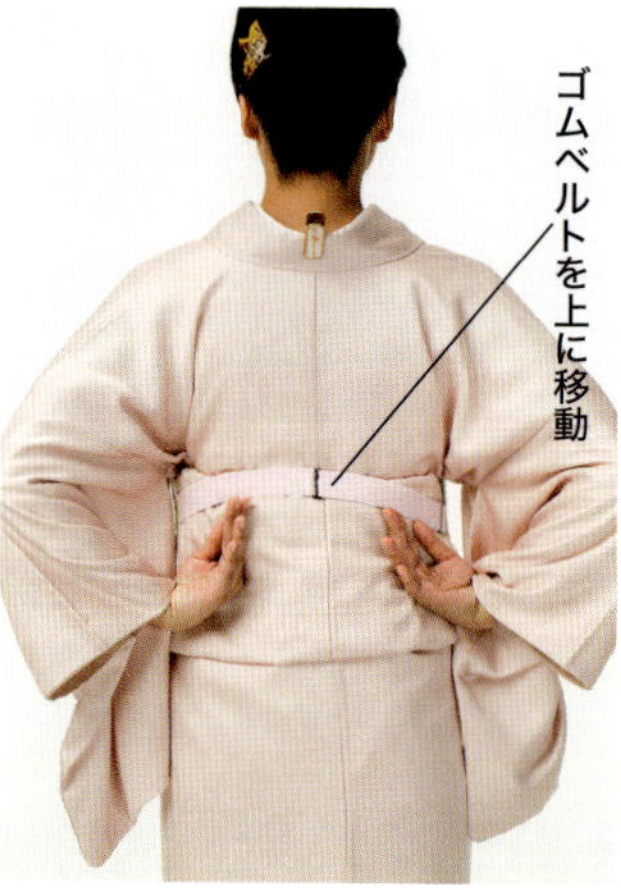

ゴムベルトを上に移動

STEP2

次にきものの前身頃の袖付けを、帯板の上にのせます。こうすると、袖付けが帯に重なり前に出るので、両袖も前に出しやすくなり身幅がほっそり見えます。下の中央の写真と左の写真を比較するとよくわかります。

△ 袖付けが後ろにあると、両袖も後ろに下がる。

◎ 袖付けを前に出すと、両袖も前に出る。

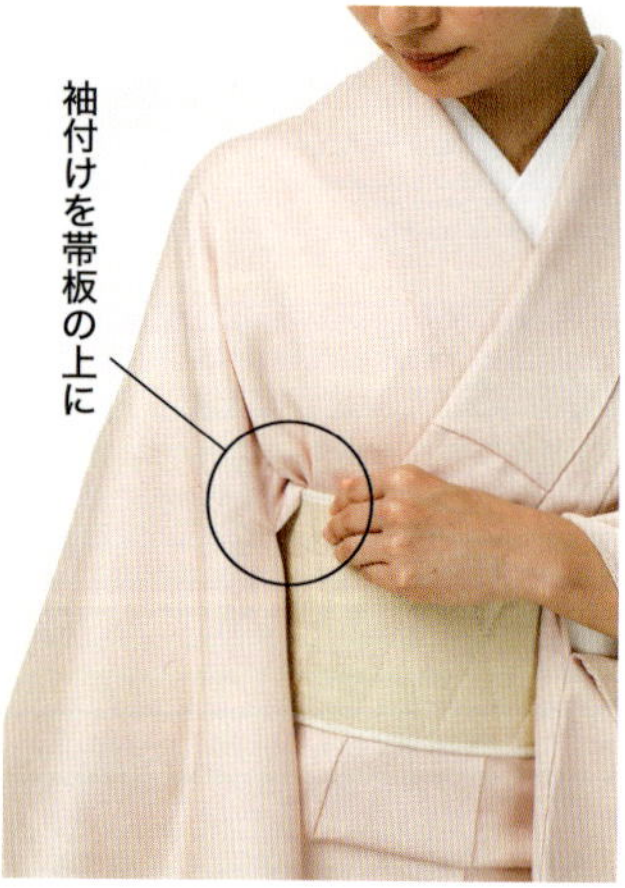

袖付けを帯板の上に

半幅帯結びの基本⑤

布目を通す

きものや帯などの布は、経糸《たていと》と緯糸《よこいと》の組み合わせによって生まれます。その経糸または緯糸を伸ばすことを「布目《ぬのめ》を通す」と表現します。布目を通すと繊維がまっすぐになるため、不自然なしわやよじれができません。

帯を折って二枚重ねるときにも、布目をまっすぐにしてきちんと折る。

帯を斜めに折るときにも、布目を意識してきれいに折る。しわが寄っていたら、布目が通っていない証拠。

てとたれを結ぶときも、布目を意識して。

半幅帯の場合は、てを半分に折るのが基本。このときも二枚の帯をきちんと重ねる。ての元の余りは、帯に入れ込んできちんと処理をする。

半幅帯結びの基本❻

帯を胴に二巻きする

どの帯結びも、まずは帯を胴に二巻きしますが、これが帯結びの基本中の基本です。ここでは自分から見て、右から左へ巻いていますが、左から右へ巻いてもかまいません。帯が緩まないようにきちんと巻くことができれば、帯結びの八割はできたようなもの。何度も繰り返し練習しましょう。

1

ての帯幅を半分に折り、ての長さを決めます。

2

ての長さの元を三角形に折ります。

3

左手に三角形を持ち、右手にたれを持って両手を広げます。

4

右手で持ったたれを左手に渡します。

5

帯を後ろにまわし、3で右手で持ったたれを受け取ります。

6

ては肩にあずける
たれ

そのまま帯を腰から胴に移動し、ての三角形を帯板の中央に当てます。右手はたれの下側を持ちます。

7

三角形の下を持って締める

たれを巻いて、一巻きめを締めます。

8

そのまま一巻きめに二巻きめを重ね、てとたれを持って締めます。

9

斜めに折り上げる
て
たれ

たれを結びやすいように折って細くし、たれにてを重ねます。

10

体の中心で、てとたれを結びます。この後、好みの帯の形をつくります。

本書に登場する、主な半幅帯結び全31スタイル

＊どの帯結びも季節に関係なく、オールシーズン結ぶことができます。

文庫系

華文庫
＊18ページ

一文字
＊22ページ

重ね文庫
＊25ページ

りぼん重ね文庫
＊28ページ

片流し
＊31ページ

だらり文庫
＊34ページ

貝の口系

ふっくら貝の口
＊44ページ

華やか貝の口
＊48ページ

ふっくら矢の字
＊49ページ

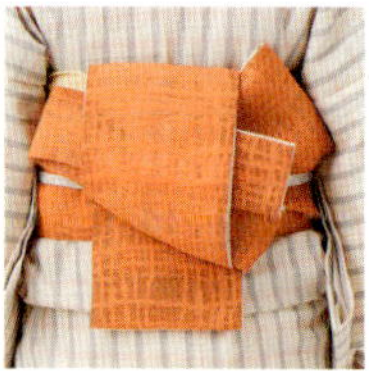

お洒落矢の字
＊53ページ

よそゆき矢の字
＊54ページ

はさみ系

片ばさみ
＊58ページ

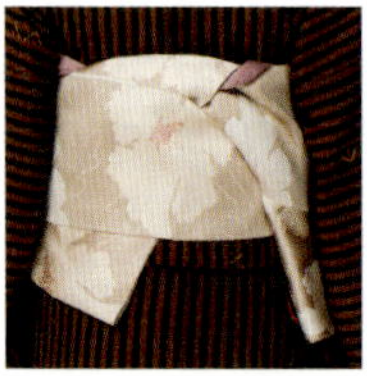

はさみ角出し
＊61ページ

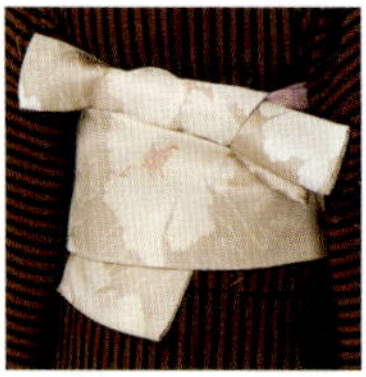

はさみりぼん
＊63ページ

りぼん系

りぼん流し
＊66ページ

ダブルりぼん
＊69ページ

トリプルりぼん
＊72ページ

文重ねりぼん
＊75ページ

りぼん角出し
＊78ページ

コンパクトりぼん
＊81ページ

お太鼓系

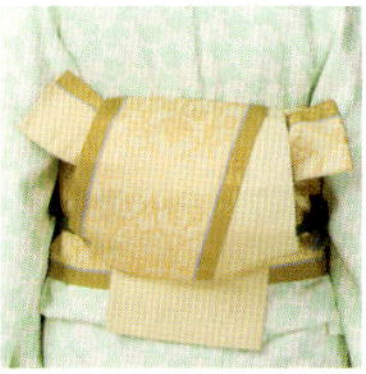
角出し太鼓
＊86ページ

重ね角出し
＊90ページ

ダブル角出し
＊93ページ

シンプル角出し
＊96ページ

半幅太鼓
＊99ページ

半幅ふくら雀
＊102ページ

三重紐・四重紐使い

三枚重ね
＊108ページ

ローズひだ重ね
＊111ページ

たれ重ね
＊114ページ

文重ね
＊117ページ

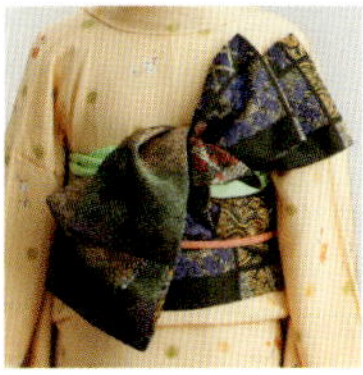
半幅立て矢
＊120ページ

文庫系帯結び❶ 自分で結ぶ

華文庫《はなぶんこ》

二枚の羽根を、下向きにふっくらと

半幅帯の定番結びの一つ、文庫結びは、江戸時代に描かれた菱川師宣《ひしかわもろのぶ》の『見返り美人図』の帯結びに似ています。羽根を長めにとって、下向きにふっくら仕上げると、大人にも似合う華やかな帯結びに。

前

花模様の優しい小紋に同系色の半幅帯で上品に。帯締めをすれば、名古屋帯のよう。

obi＊memo

素材 ＊ 絹（袋帯を半幅に仕立てたもの）
長さ ＊ 約４m20㎝
ての長さ ＊ 約50㎝（手幅三つ分）
難易度 ★（★が少ないほど簡単）

1

ての長さを約50㎝とり、帯を胴に二巻きします。てが上になるように、てとたれを結びます。

＊帯を胴に二巻きするまでは、14～15ページ参照。

2

もう一回、てを結び目にくぐらせて結びます。

3

二回結ぶと、結び目が安定します。

4

ては右肩にあずけて、クリップできものの衿に留めておきます。それからたれを元からきれいに広げます。

5

文庫の羽根をつくります。ここでは、羽根の長さをたれ先から約50㎝（手幅三つ分）とります。

6

約50㎝の幅で、たれを内側にたたみます。

7

長い帯の場合は、羽根の両側がわになりますが、帯の長さによっては、片側だけでもかまいません。

8

羽根を内側に、半分に折ります（谷折り）。

9

さらに羽根を外側に折り返して（山折り）、二つ山ひだをつくり、中心をゴムで留めます。

10

右肩にあずけたてを外して、羽根の中心にかぶせ、胴に巻いた帯ともの間に通します。

11

て先を下に引き出します。

12

羽根にかぶせたてに、細く（幅5～6㎝）たたんだ帯揚げを通します。帯揚げはそのまま後ろにまわして、仮結びをします。

13

帯の下から出たて先を、帯の内側に入れ込みます。

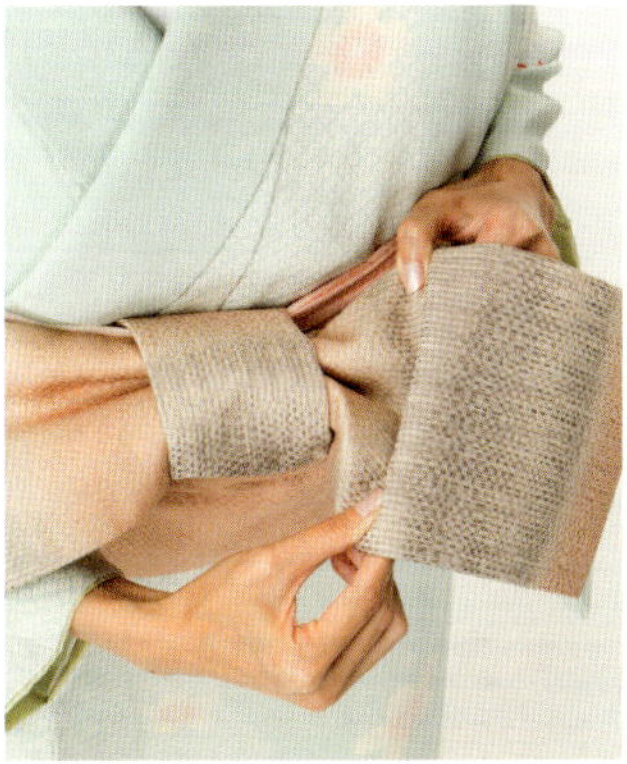

14

左右の羽根をひだの中心からふっくら広げて、下向きに形づくります。

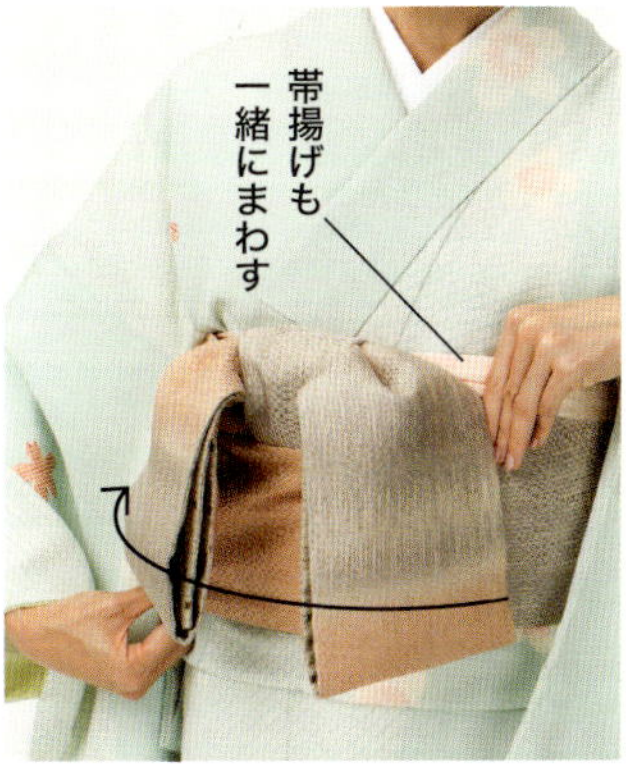

15

右手で帯の下、左手で帯の上を持ち、右まわりに帯をまわします。

16

帯揚げを結び直し、帯の中心に帯締めを当てて結びます。

＊帯締めの結び方は38 ～ 39ページ、
帯揚げの結び方は40 ～ 41ページ。

華文庫のでき上がり。羽根を長くとることで存在感のある仕上がりに。

文庫系 帯結び ② 自分で結ぶ

一《いち》文《もん》字《じ》

一枚の羽根を水平に、きりっとシャープに

羽根を下向きにする文庫に対して、真横にまっすぐ整えるのが一文字です。結び方は文庫と同じですが、きりっと仕上げるために、羽根は短めにとりましょう。

絣柄を織り出したモダンな御召に、型染め帯の組み合わせ。

obi＊memo

素材 ＊ 絹
長さ ＊ 約４ｍ20㎝
ての長さ ＊ 約60㎝（手幅三つ半分）
難易度 ★

1

ての長さを約60㎝とり、帯を胴に二巻きします。てが上になるように、てとたれを結びます。

＊帯を胴に二巻きするまでは、14～15ページ参照。ここでは、左から右へ巻きました。

2

てをきものの衿にクリップで留め、たれを内側にたたんで羽根をつくります。羽根の長さは自分の肩幅程度を目安にします。

3

たたんだ羽根はきちんとそろえる

羽根をたたんだら、自分の肩幅と同じくらいになっているか確認しましょう。

4

羽根を外側に、半分に折ります（山折り）。

5

4の羽根を内側に折り返すと（谷折り）、一つ山ひだができます。

6

羽根の中心をゴムで留めて固定してから、クリップで留めたてを外して、羽根の中心にかぶせます。

7

そのままで羽根の中心を一巻きし、てを上に出します。

8

再び、羽根の中心にてをかぶせ、胴に巻いた帯ときものの間に通し、下に引き出します。

9

帯の下からて先が出るようなら、内側に折り込みます。左右の羽根をまっすぐに整えます。

10

ての輪の中に幅5～6㎝にたたんだ帯揚げを通し、そのまま後ろにまわして仮結びをします。

11

帯を右まわりに真後ろへまわします（写真はまわし終えたところ）。この後、帯揚げを結び直します。

＊帯揚げの結び方は40～41ページ。

一文字のでき上がり。カジュアルな帯結びなので、浴衣から小紋、紬などのお洒落着に。羽根の幅を狭くすれば、袴下の帯結びにも。

文庫系 帯結び 3 人に結ぶ

重ね文庫

長短四枚の羽根を、流れるように美しく

文庫結びのアレンジ結びです。長い羽根の上に、短い羽根を重ねてボリューム感を。羽根の中心を結ぶてにちょっとあしらいを加えました。

手描きの訪問着には織りの半幅帯を。二枚めを胴に巻くとき、上の帯を少し折り返している。

obi＊memo

素材 ＊ 絹
長さ ＊ 約４ｍ20㎝
ての長さ ＊ 約40㎝（手幅二つ半より短め）
難易度 ★★

1

てを約40㎝とり、帯を胴に二巻きします。てを上にして、てとたれを結び、ては衿にクリップで留めます。

＊帯を胴に二巻きするまでは、14～15ページ参照。

2

たれを横に広げ、まず大きな羽根をつくります。長さは中心から約35㎝（手幅二つ分）を目安にします。

3

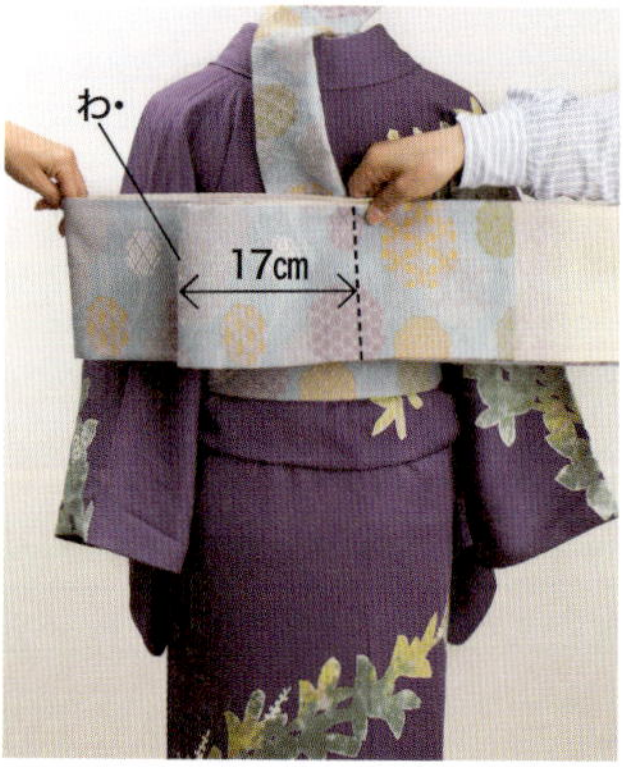

長い羽根に重ねて、小さな羽根をその半分程度（手幅一つ分）の長さ分とります。

4

二枚の羽根の中心を持ち、内側に半分に折ります（谷折り）。

5

前後の羽根を外側に折り返し（山折り）、二つ山ひだをつくります。

6

ひだの中心をゴムで留め、羽根の下に半幅帯用の帯枕を当て、前で結びます。

てを斜めに折ると、幅が細くなり、
すっきりとした仕上がりに

7

帯枕に帯揚げをかぶせ、前にまわして仮結びをします。続いて、きものの衿に留めておいたてを外し、元から斜めに折ります。

8

斜めに折ったてを中心にかぶせ、バランスを見ます。

9

ての内側に帯締めを当て、余分を内側に折り込み、帯締めは前にまわして仮結びをします。

10

四枚の羽根を下向きにふっくらと整え、帯揚げと帯締めを結び直してでき上がり。

＊帯締めの結び方は38 ～ 39ページ、
帯揚げの結び方は40 ～ 41ページ。

羽根の長さは帯の長さによって、あるいは好みで調整を。

文庫系 帯結び 4 人に結ぶ

りぼん重ね文庫

帯の柄と無地の部分をバランスよく出して

文庫の羽根の上に、半分に折ったたれの残りの細いりぼんをのせてボリュームをプラスしました。

市松どりの江戸小紋に染め帯のお洒落な組み合わせ。前帯の折り返しがアクセント。

obi＊memo

素材 ＊ 絹
長さ ＊ 約４ｍ10㎝
ての長さ ＊ 約40㎝(手幅二つ半より短め)
難易度 ★★

1

てのの長さを約40㎝とり、帯を胴に二巻きします。二巻きめの帯の上下を斜めに折り返し、裏側を出します。

＊帯を胴に二巻きするまでは、
14～15ページ参照。

2

てが下になるように、てとたれを結びます。

3

たれを横に広げて羽根をとります。たれ元から左に約20㎝（手幅一つ分より長め）とり、右から折り返して同寸をとります。

4

羽根の中心に二つ山ひだをつくり、ゴムで留めます。

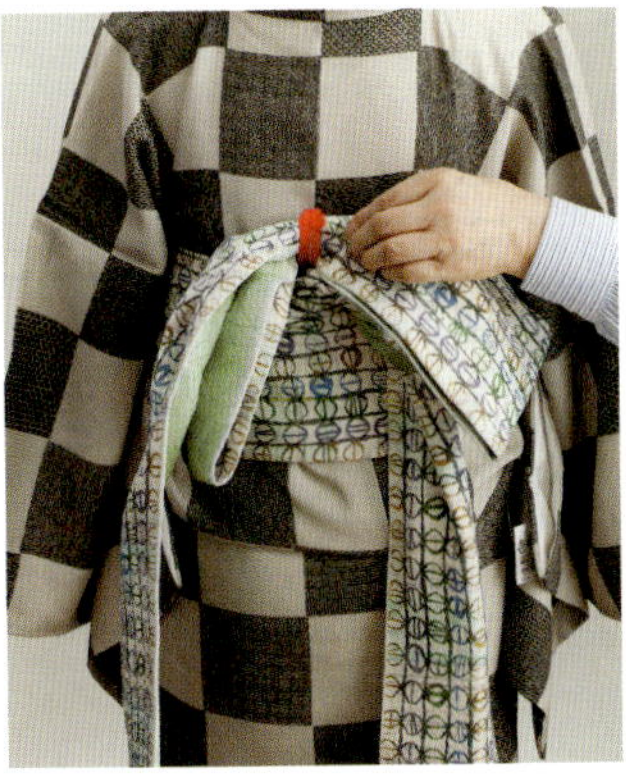

5

残りのたれを裏表に半分に折り、羽根の上に等分にのせます。

6

羽根の下に半幅帯用の帯枕を当て、前にまわして結びます。

7

ての元を斜めに折り上げます。

8

折り上げたてをたれの細いりぼんにかぶせて、斜め左下に引き出します。

9

ての中に細くたたんだ帯揚げを通し、前にまわして結びます。帯揚げは本来帯枕にかぶせますが、ここではてを固定するために用いました。

＊帯揚げの結び方は40～41ページ。

10

羽根を整えて、でき上がり。

ちょっとアレンジ！

羽根の長さに変化をつける

左右の羽根の長さを変えると、動きが出ます。29ページの**3**で羽根の長さをとるときに、左右の長さを変えます。帯の長さが短いときにも、この方法で。

文庫系 帯結び 5 人に結ぶ

片《かた》流《なが》し

片方の羽根を長くして アシンメトリーに

左右の羽根の片側を長くしたアンバランスな片流しは、浴衣の帯結びとしてもよく用いられます。絹製の上質な帯で結べば、小紋や紬のお洒落着にも合います。

同系色の濃淡が印象的な帯は、全体の引き締め役に。花柄小紋との相性も抜群。

obi＊memo

素材 ＊ 絹
長さ ＊ 約4 m20㎝
ての長さ ＊ 約60㎝（手幅三つ半分）
難易度 ★

1

ての長さを約60㎝とり、帯を胴に二巻きします。てを上にして、てとたれを結びます。てはきものの衿にクリップで留めておきます。

＊帯を胴に二巻きするまでは、
14～15ページ参照。

2

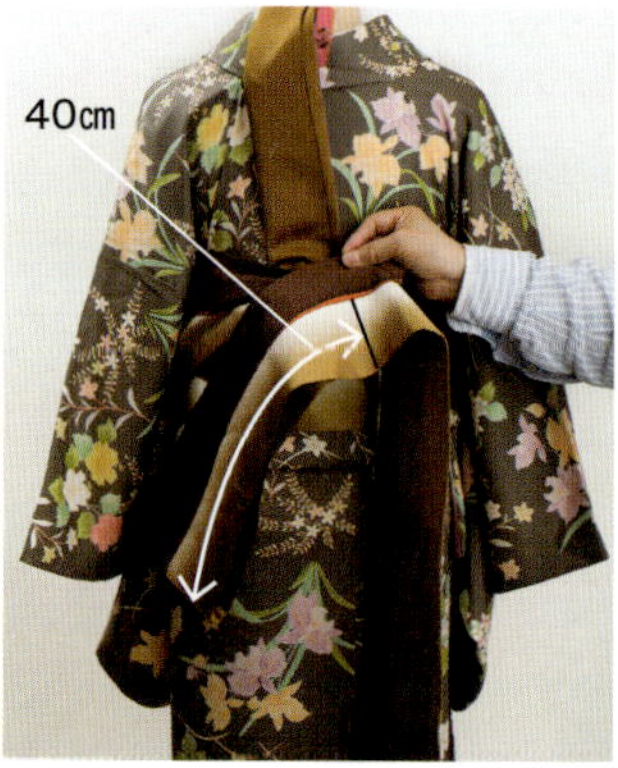

たれを元から左側に広げて、約40㎝（手幅二つ半より短め）の羽根をとり、折り返します。

3

続いて、右から約25㎝（手幅一つ半分）の羽根をとって折り返します。

4

背中心のところで、羽根に二つ山ひだをとります。この後、いったんひだをゴムで仮留めします。

5

ての元に仮紐を当てて、前で結びます（この仮紐は外しません）。ひだを留めたゴムを外して、仮紐とひだを一緒にしてゴムを留め直します。こうすると、羽根がしっかり固定されます。

6

仮紐の上に細くたたんだ帯揚げを当て、前にまわして仮結びをします。

7

てを外して、胴に巻いた帯ときものの間を通し、下に出します。

8

帯の下に出た余分を、帯の中に入れ込みます。

9

左右の羽根のバランスを整えます。

10

羽根の元は左右に開いて、下向きにふっくらと形づくります。

11

帯揚げを結び直し、帯締めを結んででき上がり。

＊帯締めの結び方は38～39ページ、
帯揚げの結び方は40～41ページ。

文庫系 帯結び 6 人に結ぶ

だらり文庫

二枚の長い羽根がエレガント

たれを全部使って長い羽根をつくり、下向きに流した優雅な帯結び。動くたびに羽根が揺れるので、立食パーティなどに最適です。

飛び柄小紋に合わせて、上質な織り帯を。色無地や付け下げにも。

obi＊memo

素材 ＊ 絹
長さ ＊ 約4 m10cm
ての長さ ＊ 約40cm（手幅二つ半より短め）
難易度 ★★

1

ての長さを約40㎝とり、帯を胴に二巻きします。てを上にして、てとたれを結びます。

＊帯を胴に二巻きするまでは、14～15ページ参照。

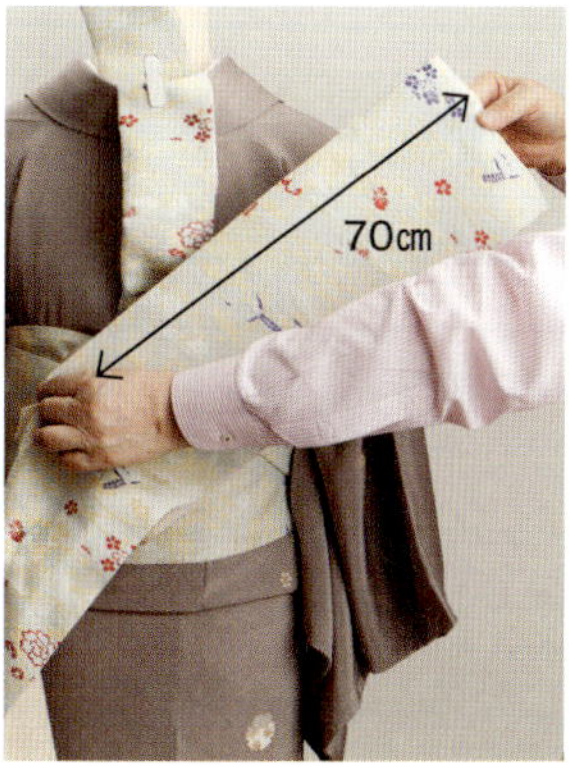

2

てをクリップで留めます。たれで羽根をつくります。この帯の場合は、残りのたれが約１４０㎝なので、片方の羽根は約70㎝とりました。

＊基本的に羽根の長さは、自分の膝より少し短めに。

3

たれの中心に、二つ山ひだをつくります。

4

ひだの中心をゴムで留めます。

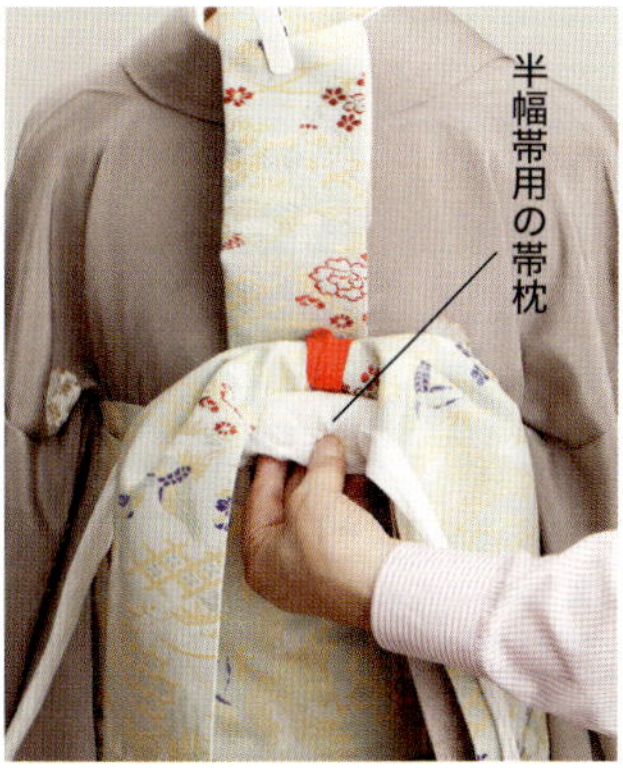

5

ひだの下に半幅帯用の帯枕を当て、前にまわして結びます。

6

帯枕に帯揚げをかぶせ、前にまわして仮結びをしておきます。

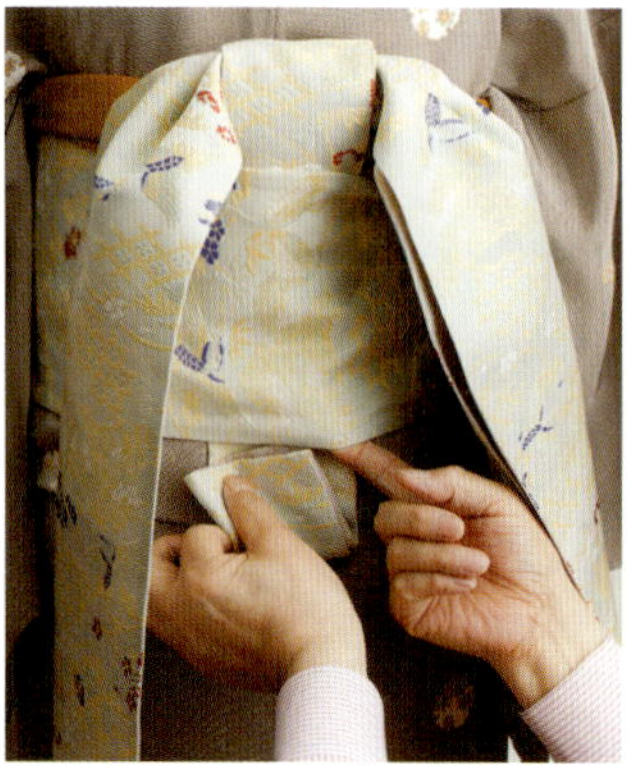

7

クリップで留めておいたてを外して羽根の中心にかぶせ、帯ときものの間を通して下に引き出します。余ったて先は、帯に入れ込みます。

8

帯揚げを結び直し、帯締めを結びます。羽根の形を整えてでき上がり。

＊帯締めの結び方は38～39ページ、
帯揚げの結び方は40～41ページ。

舞妓さんになった気分で楽しめる、半幅帯のだらり文庫。控えめな華やかさが魅力。

ちょっとアレンジ！

別布をプラスして、もっと華やかに

はぎれなどを利用して短いりぼん状の細帯をつくっておくと、さらに華やか。形がシンプルで色柄も控えめな帯は、別布を加えることで華やかさをアップすることができます。

だらり文庫のての中に、りぼん状の帯を通してボリューム感を。

りぼん状の帯は幅8㎝、長さ2ｍ。ゴムで留めてりぼん結びをつくり、帯の上に差し込むだけ。

仮紐の結び方

仮紐はてやたれを一時的に押さえるために使用します。通常の仮紐の多くは最後に外しますが、ここで使用した仮紐は細く短いので、最後まで外さなくてもかまいません。その場合は、前でしっかり結んで帯の中に入れ込みます。

1 自分で結ぶ場合は、前で、てやたれに仮紐を当てます。

2 仮紐はそのまま後ろにまわして、仮結びをしておきます。

3 帯揚げ、帯締めを前から後ろにまわして仮結びをしたら、帯を後ろにまわします。

4 帯を後ろにまわすと、前はこんな状態に。

5 最初に仮紐を解いて結び直します。中心で一、二回からげます。

6 紐端はりぼん結びや片結びにします。

7 紐端を帯の中に入れ込みます。続いて、帯揚げと帯締めを結び直します。

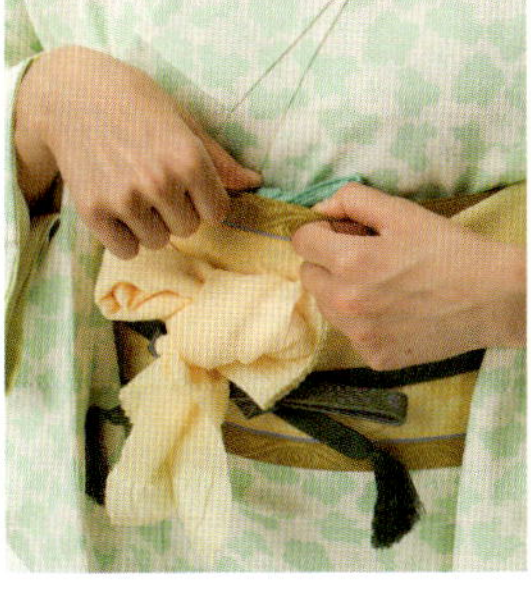

帯締めの結び方

＊結び方のプロセス写真は、本書を上下逆にすると、
自分の目線で見ることができます。

帯締めの組み方は大きく、丸組《まるぐみ》と平組《ひらぐみ》に分かれます。右のような丸組の場合は二本を並べ、
左のような平組の場合は、重ねて仕上げるのが一般的です。

1

左右の帯締めの長さを、そろえて持ちます。

2

体の中心で、帯締めを一結びします。左右どちらが上でもかまいません。

3

上になった帯締め（茶色）で輪をつくり、右手のひと差し指で結び目を押さえます。

4

輪に下の帯締め（黄色）を上から通します。

5

右手の指で結び目を押さえ、左手で下の帯締め（黄色）を引きます。

6

左手の指で黄色い帯締めを押さえ、右手で茶色い帯締めを引きます。

7

左右の帯締めを同時に引き、結び目を締めます。

8

左右の帯締めの端を、脇で上から帯締めに差し込んで、でき上がり。

帯揚げの結び方

＊結び方のプロセス写真は、本書を上下逆にすると、自分の目線で見ることができます。

もっとも基本的な本結び。帯揚げの出し加減は、好みで調整を。

1

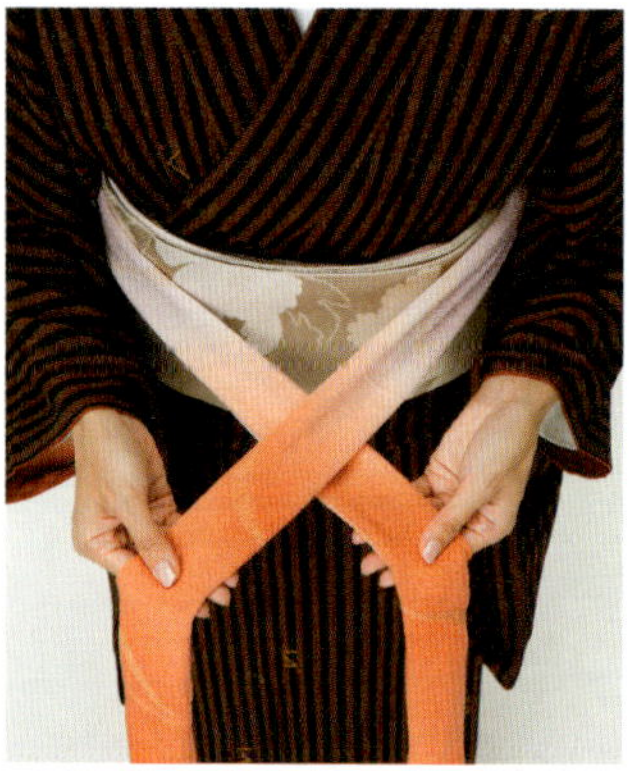

左右の帯揚げの長さをそろえて幅5～6㎝にたたみ、左右の帯揚げを重ねます（ここでは右に左を重ねた）。

2

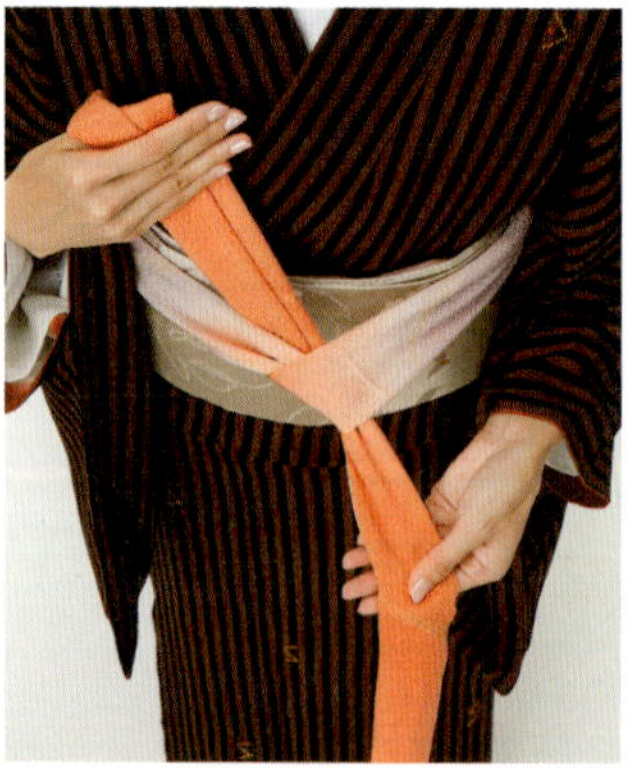

体の中心で、左右の帯揚げを一結びします。

3

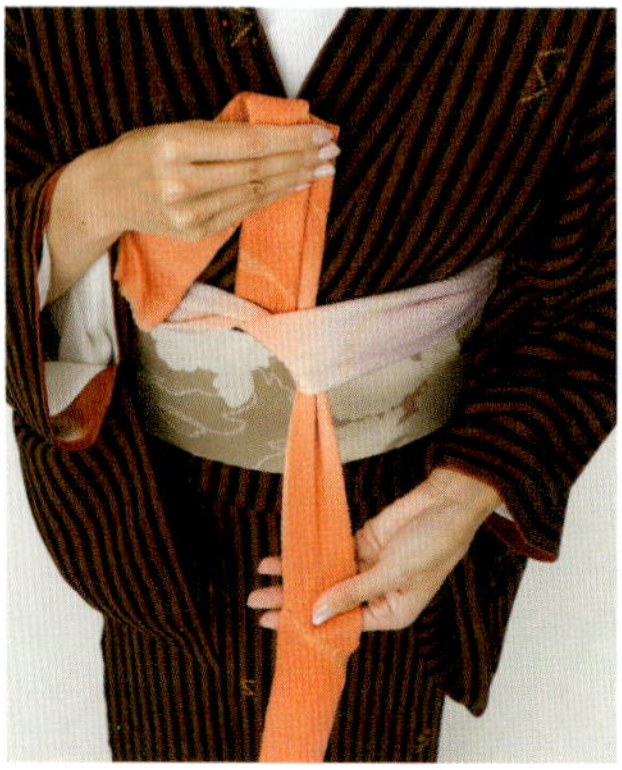

結んだ帯揚げを、結び目のところでまっすぐに立てます。

4

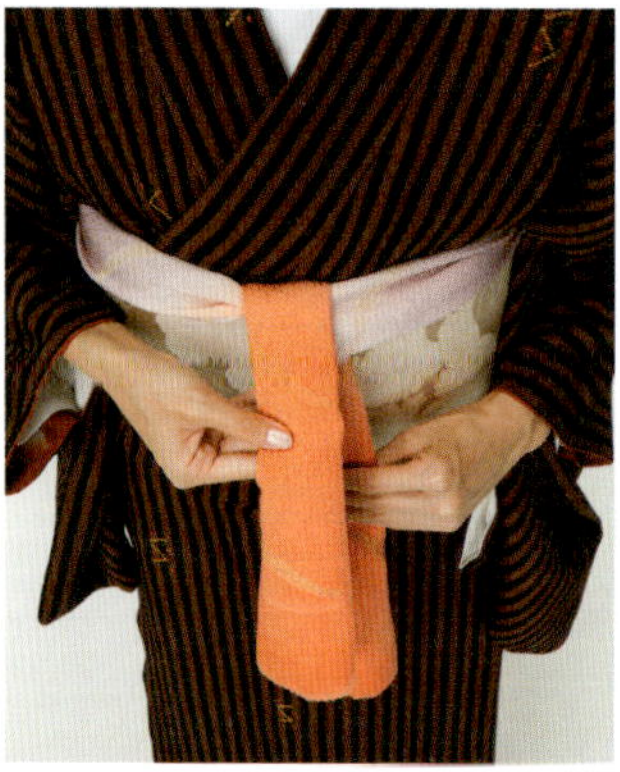

上の帯揚げをトの帯揚げに重ねます。

5

右手を包むように、上の帯揚げで輪をつくります。左手で上の帯揚げの先端を持ちます。

6

右手で下の帯揚げをつかみます。

7

そのまま下の帯揚げを、輪の中に引き込みます。

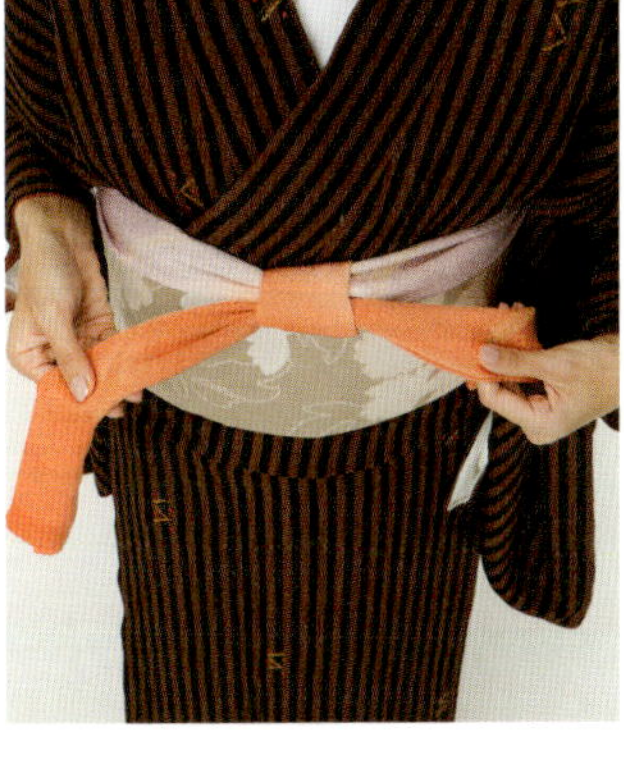

8

下の帯揚げを輪の中から抜き、左右の帯揚げを軽く引き締めます。

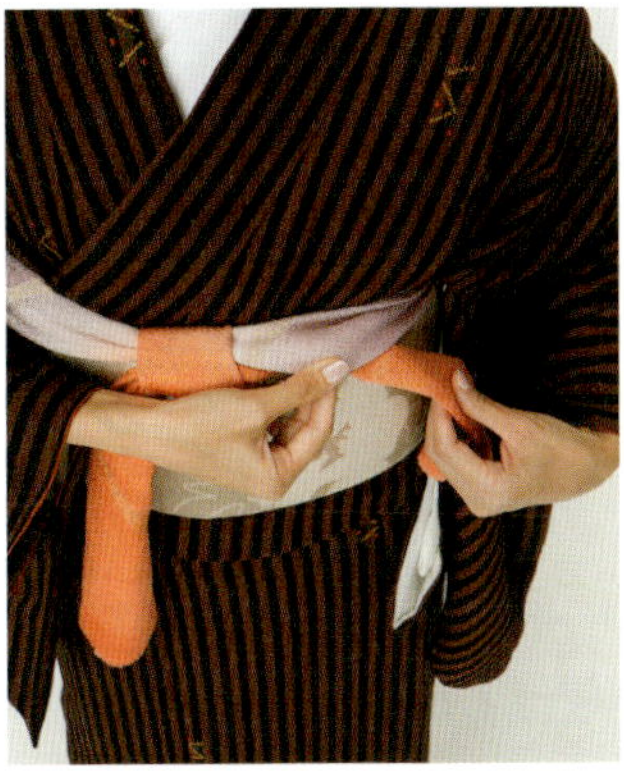

9

左側の帯揚げの端をたたんで、左側の帯揚げに入れ込みます。

10

同様にして右側の帯揚げを、右側に入れ込みます。

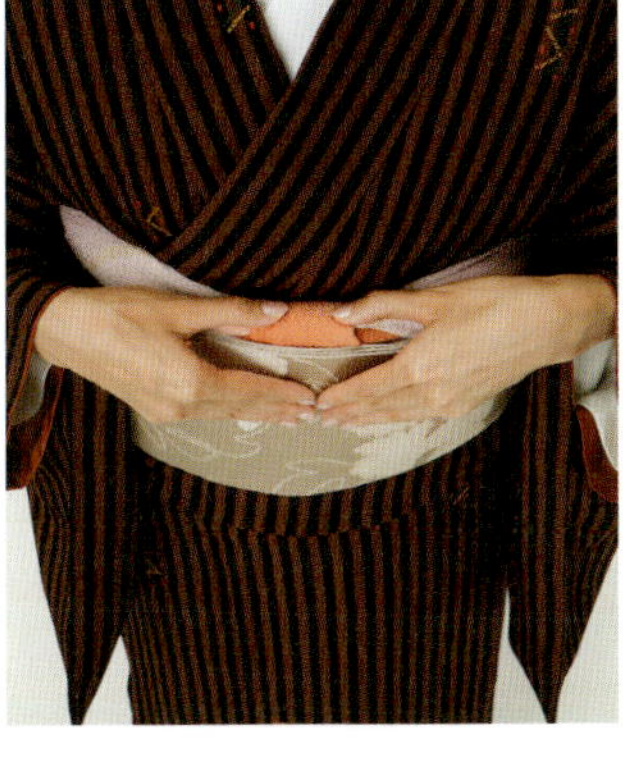

11

両手の親指を使って帯揚げの結び目を帯の中に入れ、左右の帯揚げをしごいてでき上がり。

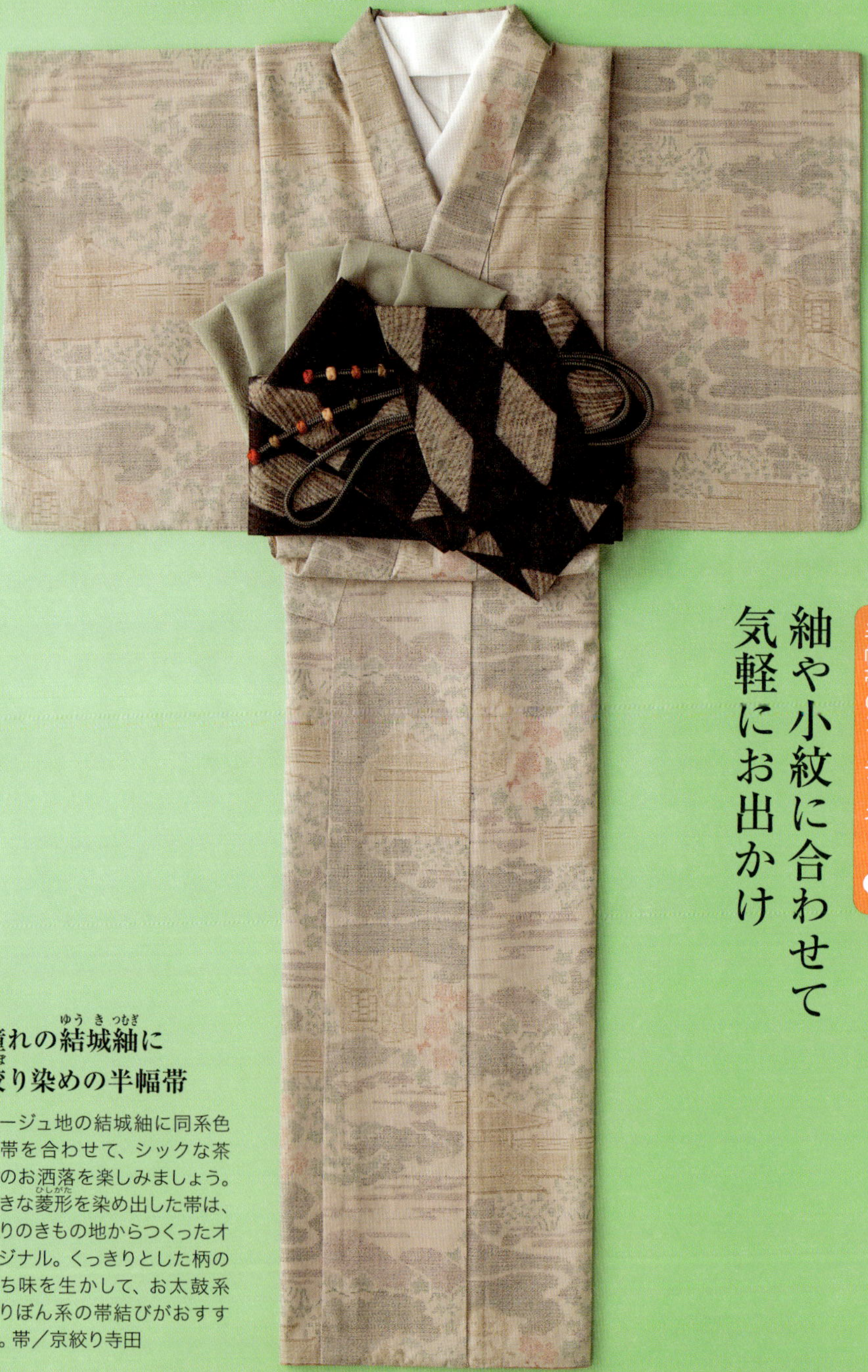

半幅帯のコーディネート❶

紬や小紋に合わせて気軽にお出かけ

憧れの結城紬《ゆうきつむぎ》に絞《しぼ》り染めの半幅帯

ベージュ地の結城紬に同系色の帯を合わせて、シックな茶系のお洒落を楽しみましょう。大きな菱形《ひしがた》を染め出した帯は、絞りのきもの地からつくったオリジナル。くっきりとした柄の持ち味を生かして、お太鼓系やりぼん系の帯結びがおすすめ。帯／京絞り寺田

はんなり小紋に 雅な文様の織り帯

クリーム地に鈴模様を絞り染めと刺繍で散らしたキュートな小紋。朱色地に菱文様や鱗《うろこ》、矢《や》羽《ば》根《ね》などを織り出したエレガントな帯を合わせて、観劇や食事会に。文庫系やお太鼓系の帯結びが合います。

温かみのある郡上紬《ぐじょうつむぎ》に 古典柄の賑やかな帯

臙脂《えんじ》に細い格子を織り出した岐阜県の郡上紬は、ざっくりとした素材感が魅力。カジュアルな紬には、さまざまな古典文様を組み合わせた、楽しげな織り帯を文庫系などに結ぶとお洒落。

ベーシックな大島紬《おおしまつむぎ》に 優しい紅花《べにばな》染《ぞ》めの帯

唐草模様を大胆に織り出した伝統の泥染め大島紬。黒地と相性のよいピンク系でまとめた上品な一式。帯は紅花染めの糸を使っているせいか、甘すぎない大人のピンクがお洒落です。

貝の口系 帯結び 1

自分で結ぶ

ふっくら貝《かい》の口《くち》

たれを胴に巻き込まず、貝の口にボリュームを

きりっとシャープな形が貝の口の持ち味で、女性は半幅帯で、男性は角帯《かくおび》で結びます。長いたれを胴に巻き込むのが一般的ですが、ここでは巻き込まず、たれに厚みをもたせました。そのため、ふっくらと柔らかい仕上がりに。

無地が入っている帯の場合は、無地を上にすると、すっきり見える。

obi＊memo

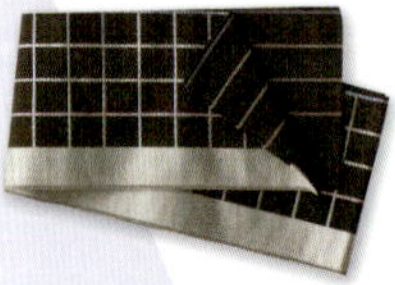

素材 ＊ 絹
長さ ＊ 約3 m60cm
ての長さ ＊ 約50cm（手幅三つ分）
難易度 ★

1

ての長さを約50㎝とり、帯を胴に二巻きします。

＊帯を胴に二巻きするまでは、14～15ページ参照。

2

たれを斜めに折り上げ、クリップで留めます。

3

てを外して、きちんと二つ折りにし布目を通します。

4

たれが上になるように、てとたれを結びます。

5

たれを元からきれいに広げます。

6

たれの余分を内側に折り込みます。たれはきちんと重ねて、布目を通します。たれが長いので、三つ折りして長さを調整しますが、この厚みがふっくらのポイントです。

7

たれの長さを約45㎝（手幅二つ半より長め）とり、内側に帯揚げを当てます。

8

帯揚げは後ろにまわして、仮結びをします。

9

たれを整えます。

10

角を胴に巻いた帯の下に合わせる

たれを斜めに折り上げます。ここでは向かって右に折り上げました。

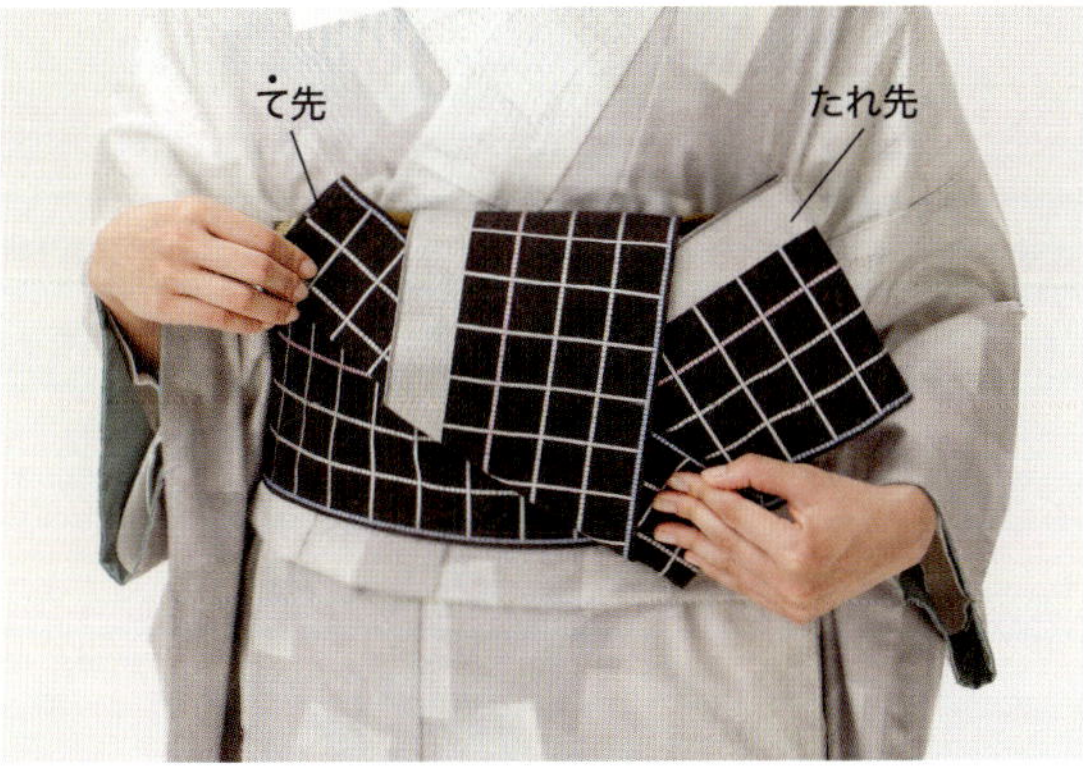

11

てをたれの中に通して、て先をたれ先と同じくらい出します。これで貝の口の形ができました。

12

貝の口の中に帯締めを通して、後ろで仮結びをします。

13

帯の下と上を持って、帯揚げも一緒に右まわりに後ろへまわします。

14

帯揚げと帯締めを結び直して、貝の口のでき上がり。

＊帯締めの結び方は38～39ページ、
帯揚げの結び方は40～41ページ。

華やか貝の口

ての長さを倍にして存在感をアピール

貝の口系の帯結びは、て先の勢いがポイントなので、ての長さを余分にとってダブル使いに。

てにボリュームがあるので、ざっくりとした紬にも。

obi＊memo

素材 ＊ 絹
長さ ＊ 約3 m60㎝
ての長さ ＊ 約60～70㎝（手幅三つ半～四つ分）
難易度 ★

1

ての長さを60～70㎝とって帯を胴に二巻きし、てとたれを結びます。たれの長さを約45㎝（手幅二つ半より長め）とって仮紐（外さなくてもよい）で押さえ、てを半分に折ります。

＊たれの長さをとるまでは、ふっくら貝の口（46ページの**7**まで）を参照。

2

仮紐の上に帯揚げを当て、後ろで仮結びをします。たれを斜めに折り上げ、その中にてを通して結びます。

3

ダブルどりしたてを通したことで、たれに厚みが出ました。たれの膨らみを整えてから、帯を後ろにまわします。仮紐、帯締め、帯揚げを結んで、でき上がり。

＊仮紐の結び方は37ページ、帯締めの結び方は38～39ページ、帯揚げの結び方は40～41ページ。

ふっくら矢の字

たれ先を残すことで、体型カバーに効果的

見た目の形は貝の口に似ていますが、矢の字はたれ先を残した落ち着いた帯結びです。たれを胴に巻き込まずに表に出し、さらにてをダブルにすることで、ぺたんこにならず、立体的に仕上がっています。

縮《ちぢみ》のきものに合わせた麻素材の半幅帯。浴衣にもおすすめ。

obi＊memo

素材 ＊ 麻
長さ ＊ 約3m80cm
ての長さ ＊ 約80cm（手幅四つ半より長め）
難易度 ★

1

ての長さを約80㎝とって帯を胴に二巻きし、たれを上にして、てとたれを結びます。

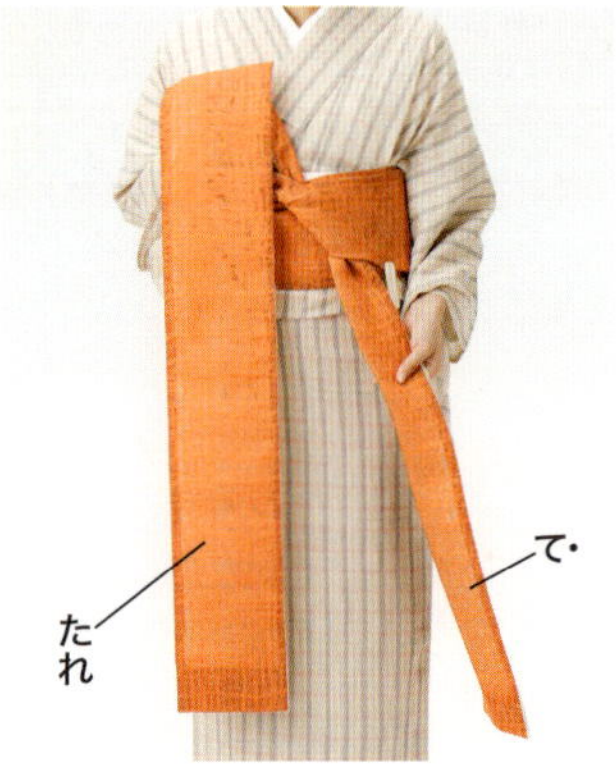

＊帯を胴に二巻きするまでは、14～15ページ参照。

2

たれを元からきれいに広げ、布目を通します。

3

たれ先の長さを約25㎝（手幅一つ半分）とります。

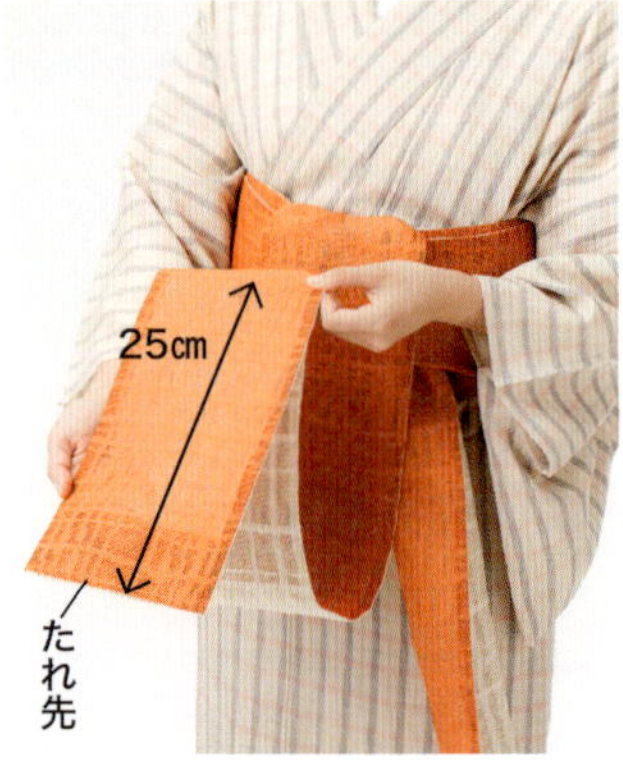

4

約25㎝のところに、幅5～6㎝にたたんだ帯揚げを当てます。

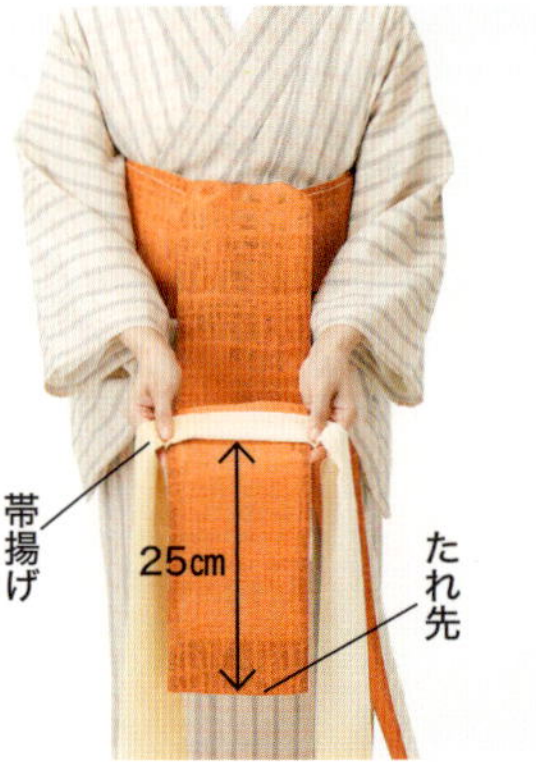

5

たれ先を押さえるようにして、帯揚げを後ろにまわして仮結びをします。

6

たれ先を固定させるために、仮紐を結びます。

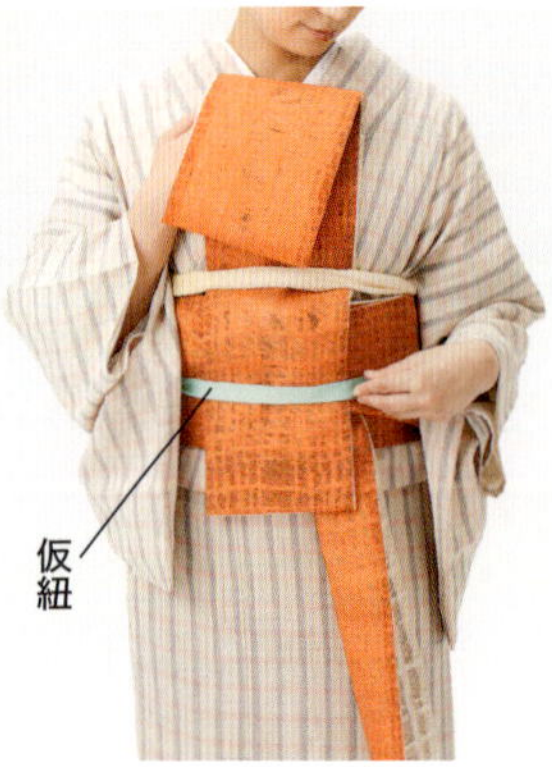

7

帯の形をつくる前に、たれの長さを確認します。長さ約45㎝（手幅二つ半より長め）を目安にしましょう。

8

続いて、ての長さを確認します。てを約80㎝とったので、半分に折って長さを調整します。

9

たれを斜めに折り上げ、その中にてを入れ、てとたれを軽く引きます。いきなりぎゅっと引っ張ると、形がくずれるので注意。

10

角がきちんと折れているかを確認します。矢の字は折り紙のような、折り目正しさも魅力の一つ。

11

帯締めを通して後ろで仮結びをしたら、**6**で使用した仮紐を外します。

12

帯を後ろにまわし、帯締めと帯揚げを結び直します。

＊帯締めの結び方は38～39ページ、
帯揚げの結び方は40～41ページ。

ふっくら矢の字 バリエーション

矢の字はてとたれをほんの少しアレンジするだけで、印象ががらりと変わります。
帯の裏の色柄を生かして、自分なりに楽しんでみましょう。

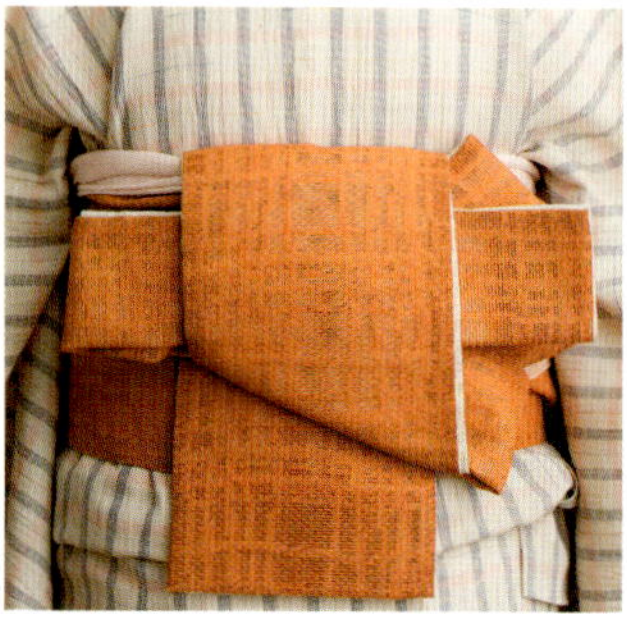

アレンジ 1

て先を真横に。

＊結び方は 50 ～ 51 ページ参照。

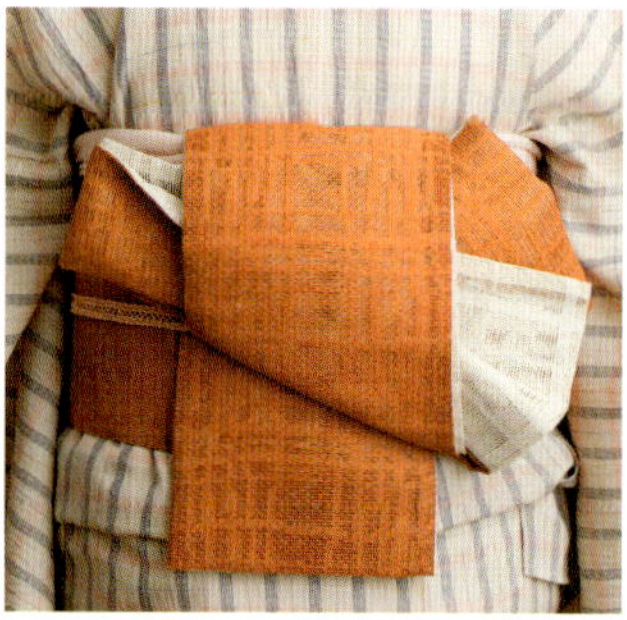

アレンジ 2

て先を広げて。

＊結び方は 50 ～ 51 ページ参照。

アレンジ 3

たれ先を斜めにして、て先を広く。

＊結び方は 55 ～ 56 ページ参照。

アレンジ 4

て先を真横にして折り返す。

＊結び方は 55 ～ 56 ページ参照。

アレンジ 5

て先を斜めにして折り返す。

＊結び方は 55 ～ 56 ページ参照。

アレンジ 6

て先をアレンジ**5**より、さらに折り返して、裏の面積を広く。

＊結び方は 55 ～ 56 ページ参照。

貝の口系 帯結び 4 人に結ぶ

お洒落矢の字

て先を開いてアクセントをつけて

たれ先を水平にとった正統派の矢の字。て先を開くことで、ストッパー代わりになり、形がくずれにくくなります。

はぎれをつないだ手づくりの半幅帯。カジュアルな紬に合わせて。

obi＊memo

素材 ＊ 絹
長さ ＊ 約3 m60㎝
ての長さ ＊ 約60㎝
(手幅三つ半分)
難易度 ★

＊ここまでの結び方は、50～51ページ参照。

1 帯を胴に二巻きし、たれを上に結びます。たれの長さを約45㎝（手幅二つ半より長め）とり、たれを二か所仮紐で押さえます。

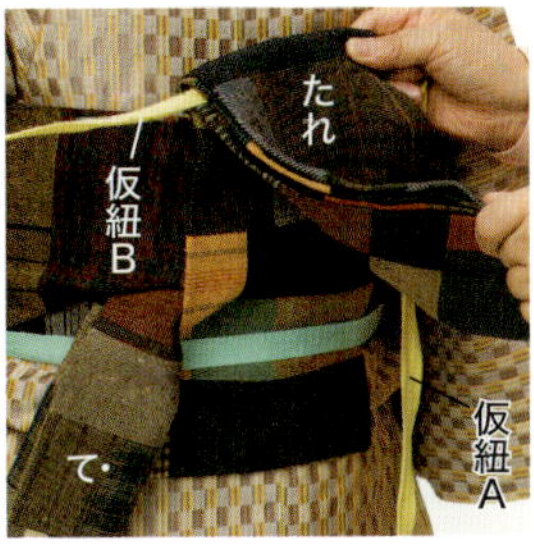

2 仮紐Bの上に細くたたんだ帯揚げを当て、前で仮結びをします。てを斜めに折りますが、角をきちんとそろえます。地厚な帯なので、よりしっかり布目を通します。

3 てを右斜め上に出しますが、長さを確認します。ての元から5～6㎝出るのが理想的。

4 たれを斜めに折り上げ、てを通して、矢の字を結びます。

5 たれの元から左右に、て先とたれ先を出します。

6 帯締めを通したら、1で使用した仮紐Aを外し、て先を開きます。

＊帯締めの結び方は38～39ページ、帯揚げの結び方は40～41ページ。

よそゆき矢の字

帯幅をたっぷり使って ダイナミックに

てを半分に折らずに帯幅いっぱいに使ったボリューム感のある矢の字。リバーシブルの楽しさを生かして、両面を効果的に使っています。

白大島に博多織の半幅帯を合わせた、さわやかコーディネート。春のお出かけに最適。

obi＊memo

素材 ＊ 絹
長さ ＊ 約4m60cm
ての長さ ＊ 約80cm（手幅四つ半より長め）
難易度 ★★

1

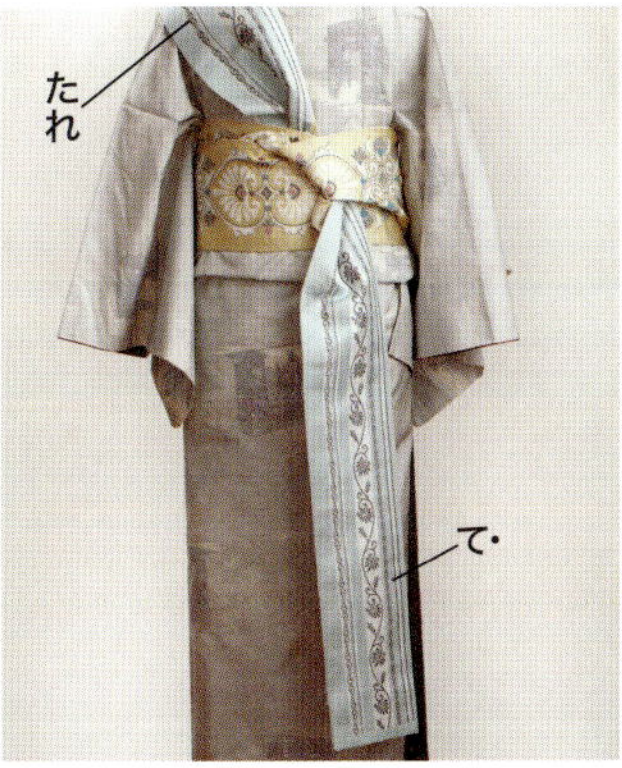

ての長さを約80㎝とって帯を胴に二巻きし、たれを上にして、てとたれを結びます。

＊帯を胴に二巻きするまでは、14～15ページ参照。

2

たれの長さを約75㎝（手幅四つ半分）とり、仮紐を当てます。帯が長いので、たれを内側に折り込み、ダブルにしています。

3

たれを押さえた仮紐を前にまわして結び、細くたたんだ帯揚げを当て、前で仮結びをします。

＊仮紐の結び方は37ページ。

4

たれを下ろします。ての長さとたれの長さは、ほぼ同じくらいです。

5

たれを斜めに折り上げますが、たれが長いので、★と☆を重ねます。

6

たれの長さを胴に巻いた帯の幅に合わせ、斜めに折ったたれをきちんと重ねます。

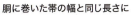

7

角をクリップで留める

たれの角をクリップで留め、てをたれに通します。このとき、ては帯の裏側を出して折り返します。

8

てを通したら、たれとのバランスを確認します。

9

たれに帯締めを通し、前にまわして結びます。

＊帯締めの結び方は38～39ページ。

10

帯揚げを結び直して、でき上がり。

＊帯揚げの結び方は40～41ページ。

ちょっとアレンジ!

たれ先を思いきってずらした変わり矢の字

矢の字はたれ先をまっすぐにとりますが、ここでは右斜め下に向け、きりっとした矢の字のニュアンスを変えました。

ふっくらさせるために、半幅帯用の帯枕を使っています。

1 ての長さを約80cmとり、たれを上に結びます。たれを斜め左にとり、帯枕と仮紐を当てます。帯枕には帯揚げをかぶせます。

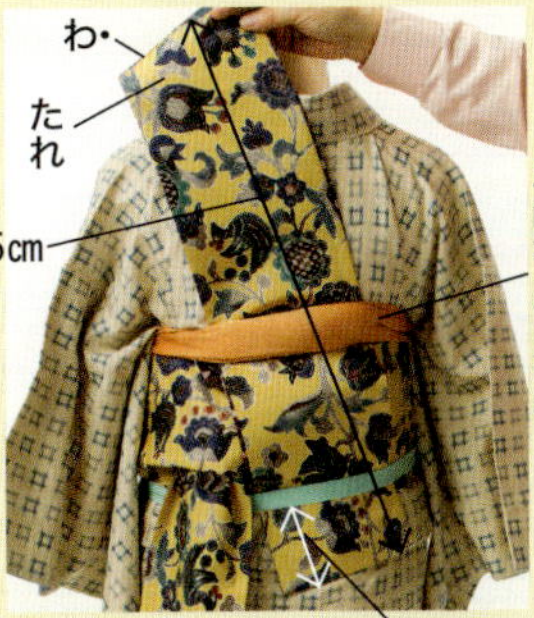
わ・
たれ
75cm
半幅帯用の帯枕
10cm

たれ先を右斜めに傾けて変化を

2 たれを斜めに折り返します。長いては裏を出して折り返しておきます。

わ・

3 たれにわになったほうのてを通して、矢の字に結びます。帯締めを結んだら、仮紐を外します。帯揚げを結び直して、でき上がり。

はさみ系 帯結び ❶ 自分で結ぶ

片《かた》ばさみ

ピタッと体に沿わせて すっきりと

片ばさみは江戸時代に武士が結んだ帯結びの一つ。男性は現代でも角帯で結んでいますが、女性が半幅帯を使って結ぶと、ひと味違った雰囲気に仕上がります。

粋な縞の小紋に似合うすっきりとした帯結び。同系色の帯揚げで柔らかさを演出。

obi＊memo

素材 ＊ 絹
長さ ＊ 約4 m20㎝
ての長さ ＊ 約40㎝（手幅二つ半より短め）
難易度 ★

1

ての長さを約40㎝とり、帯を体の中心から巻き始めます。てとたれをクリップで留めておくと、巻きやすいでしょう。

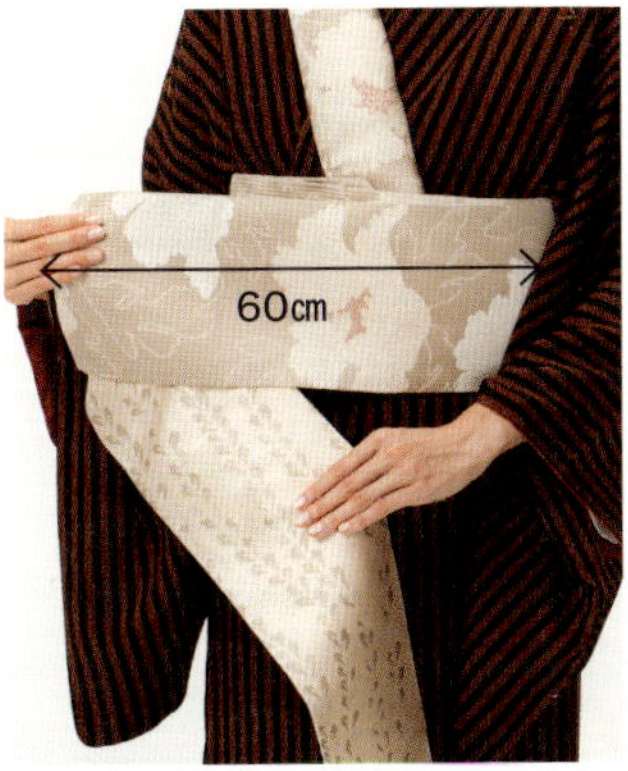

2

帯を胴に二巻きしたら、たれの長さを自分の左脇から約60㎝（手幅三つ半分）とります。

＊帯を胴に二巻きするまでは、
14～15ページ参照。
ここでは、左から右へ巻きました。

3

たれの余分を、内側にきちんと折り返します。

4

胴に巻いた帯の中にたれの余分を入れ、重なった帯の布目を通します。ここで布目がよじれていると、後々まで響くので注意。

5

てにたれを重ねます。

6

体の中心でたれが上になるように、てとたれを結びます。

7

たれを胴に巻いた二枚の帯の内側に入れます。

8

たれ先を帯の下から出しますが、引き下げる前に、帯揚げを通すスペースを少しとります。

9

たれの輪に細くたたんだ帯揚げを通し、たれ先を引き下げます。

10

帯揚げは後ろにまわして、仮結びをしておきます。

11

帯を後ろにまわし、帯揚げを結び直します。

＊帯揚げの結び方は40〜41ページ。

はさみ系 帯結び❷ 自分で結ぶ

はさみ角《つの》出《だ》し

トップに羽根をとり、立体感を出して

長めにとったてで羽根をつくり、トップにボリュームをプラス。体型をカバーしつつ、女性らしい柔らかさも演出できます。

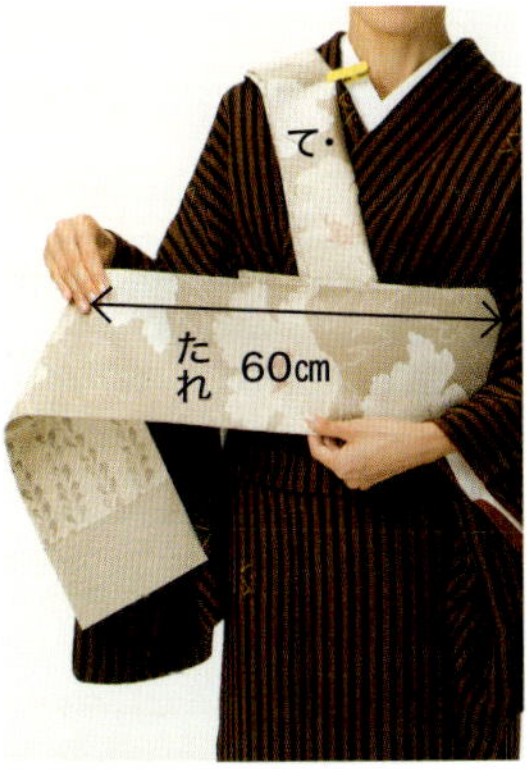

1

ての長さを約80㎝とり、帯を胴に二巻きします。たれの長さを約60㎝（手幅三つ半分）とります。

＊帯を胴に二巻きするまでは、
14～15ページ参照。
ここでは、左から右へ巻きました。

2

余分のたれを内側に折り返します。

3

体の中心で、てにたれを重ねます。

基本の片ばさみに比べると、後ろ姿にぐっと華やかさが出た。

obi＊memo

素材 ＊ 絹
長さ ＊ 約4m20㎝
ての長さ ＊ 約80㎝（手幅四つ半より長め）
難易度 ★★

4

たれが上になるように、てとたれを結びます。

5

てを半分に折って布目を通し、羽根をつくります。

6

てを肩幅分くらいにたたみます。

7

たたんだてに、たれをかぶせ、たれ先を二枚の帯の間を通して引き出します。

8

たれの輪に細くたたんだ帯揚げを通し、後ろで仮結びをしておきます。

9

羽根を整えて、帯を後ろにまわし、帯揚げを結び直します。

＊帯揚げの結び方は40～41ページ。

はさみ系帯結び ③ 人に結ぶ

はさみりぼん

片ばさみとりぼん結びの組み合わせ

てでりぼんを結び、たれを二回帯にはさんで、ヒップをカバー。帯の長さを目一杯使ってボリュームを出し、華やかに仕上げました。

無地の紬に同系色の帯でお洒落に。二枚めの帯を折り返してアクセントに。

obi＊memo

素材 ＊ 絹
長さ ＊ 約４ m20㎝
ての長さ ＊ 約80㎝（手幅四つ半より長め）
難易度 ★★★

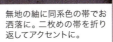

1

ての長さを約80㎝とり、帯を胴に二巻きします。二巻きめを巻くときに、帯を斜めに折り返して、裏側を出します。

2

たれが上になるように、てとたれを結びます。

3

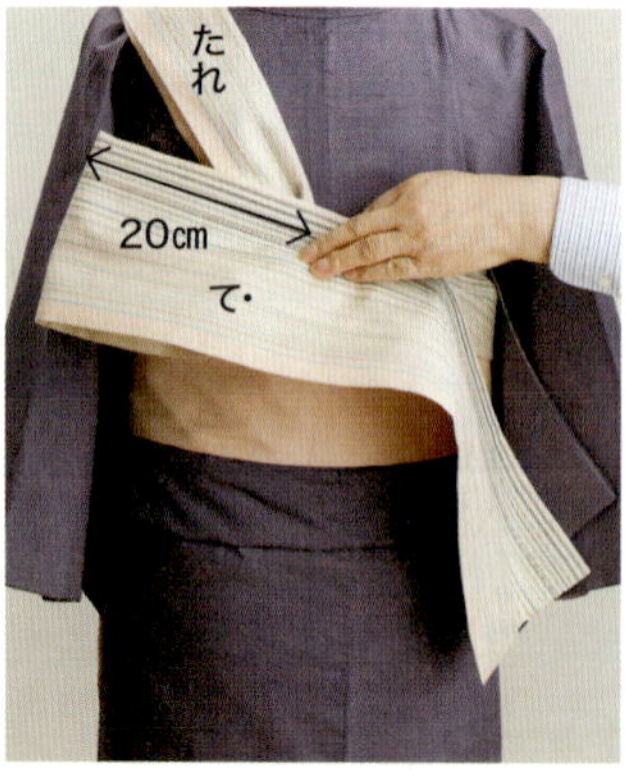

てを元からきれいに広げて左側に当て、約20㎝（手幅一つ分より長め）の羽根をとります。たれは左肩にあずけます。

4

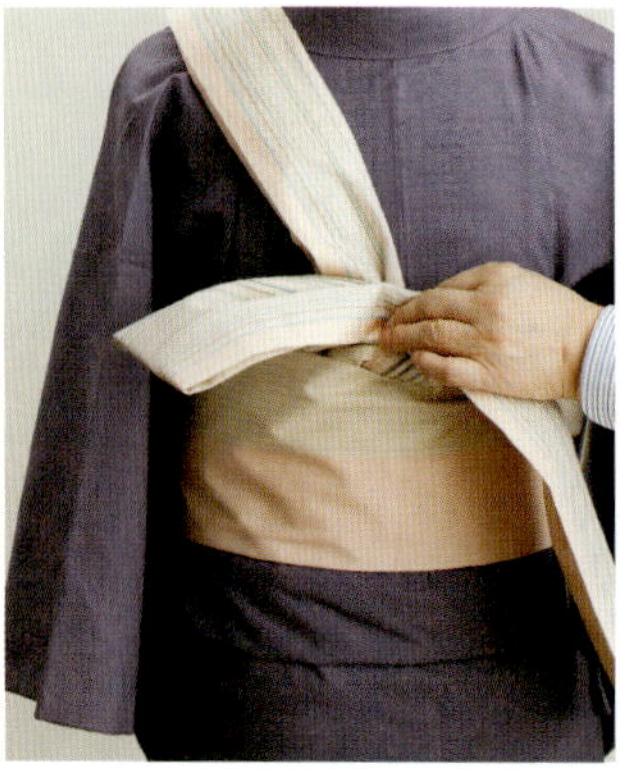

羽根の中心に二つ山ひだをとります。

5

左肩にあずけておいたたれを外し、ひだの中心にかぶせます。

6

そのままたれを、胴に巻いた帯とものの間に入れます。

たれを広げる

7

たれを下に引き出し、幅を広げます。

5〜6㎝
7〜8㎝

8

たれを少し残して、帯の中を通して斜め右上に引き出します。

9

再びたれを帯の中を通して下に引き出し、今度は斜め左上に引き出します。たれは左側にそろえて残します。

10

残りのたれにタックをとって仮紐を通し、りぼんの下に当てて前にまわして結びます。

＊仮紐の結び方は37ページ。

て

11

仮紐の上に細くたたんだ帯揚げを当てて、前にまわして結びます。

＊帯揚げの結び方は40〜41ページ。

12

てでつくった羽根を下向きに整えて、でき上がり。

りぼん系 帯結び 1 自分で結ぶ

りぼん流し

たれでつくる二枚の細い羽根がアクセント

帯の長さを効果的に使った華やかなりぼん結び。大きなりぼんの中央に垂らした短冊状のりぼんが動くたびに揺れます。

黄八丈のきものに合わせた博多織の半幅帯。帯揚げの色を効かせて。

obi＊memo

素材 ＊ 絹
長さ ＊ 約4 m20㎝
ての長さ ＊ 約60㎝（手幅三つ半分）
難易度 ★★

1

ての長さを約60㎝とって、帯を胴に二巻きします。たれが上になるように、てとたれを結びます。

＊帯を胴に二巻きするまでは、14～15ページ参照。

2

てを半分に折って左手に持ち、たれを元から半分に折って、右手で持ちます。

3

てにたれをかぶせるようにして、てとたれを結びます。結んだてとたれが同じ長さになるようにします。

4

たれを結びの下から、上に引き出します。

5

たれは約75㎝（手幅四つ半分）とります。

6

たれの残りを、胴に巻いた帯とものの間に入れます。

7

たれの残りを下に引き出します。

8

たれの残りを折り返して帯の中に入れます。結び目の下まで入れ込み、帯結びの土台にします。

9

ここに仮紐を当てる
わ
たれ先

5でとったたれに布目を通し、右肩のところで二つに折ります。仮紐を当て、後ろにまわします。

10

仮紐の上に細くたたんだ帯揚げを当て、後ろにまわして仮結びをしておきます。

11

帯の裏側を出して広げる

左右のりぼんの羽根を広げます。このとき、片側のリボンは裏を出してもOK。

12

帯を後ろにまわし、仮紐、帯揚げ、帯締めを結んででき上がり。

＊仮紐の結び方は37ページ、帯締めの結び方は38～39ページ、帯揚げの結び方は40～41ページ。

りぼん系帯結び❷ 人に結ぶ

ダブルりぼん

帯の裏表を効果的に使って、五枚の羽根をアレンジ

左右の四枚の羽根に、結び目にかぶせた羽根を一枚プラスして、計五枚の羽根が舞う華やかな仕上がり。左右の羽根をバランスよく仕上げて。

無地の紬に同系色の帯で優しい雰囲気。帯留めをアクセントに。

obi＊memo

素材 ＊ 絹
長さ ＊ 約４ｍ20㎝
ての長さ ＊ たれと同じ長さ
難易度 ★★

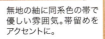

1

胴に帯を二巻きし、てとたれがほぼ同じ長さになるように結びます。

＊帯を胴に二巻きするまでは、
14～15ページ参照。

2

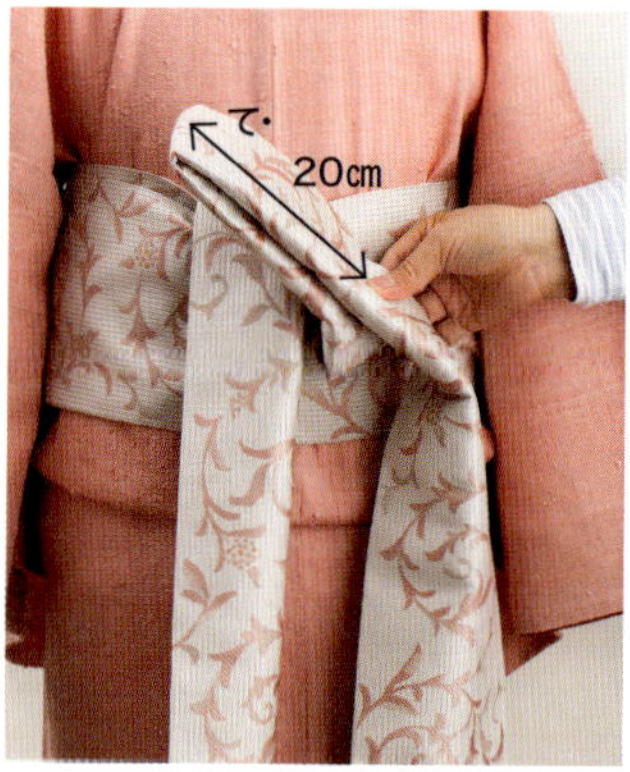

てとたれを半分に折ります。ての元から折り返して、約20㎝（手幅一つ分より長め）とります。

3

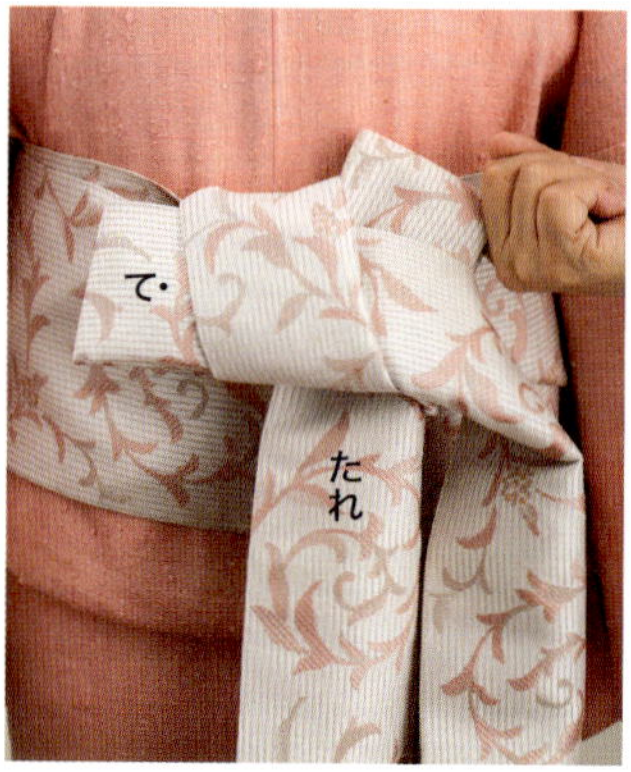

てにたれをかぶせて結びます。

4

結んだ羽根（てとたれ）の長さをそろえます。

5

ての布目を通し、て先を半分に折ります。

6

結び目の中にて先を通します。

7

結び目の中に、細くたたんだ帯揚げを通します。

8

背中側のたれでつくった羽根を広げます。ここでは裏側を出しました。

9

続いて、左側に重なっている二枚の羽根を広げます。下のてでつくった羽根は表を、上のて先の羽根は裏を出して広げました。この後、右側のてでつくった羽根も広げます。

10

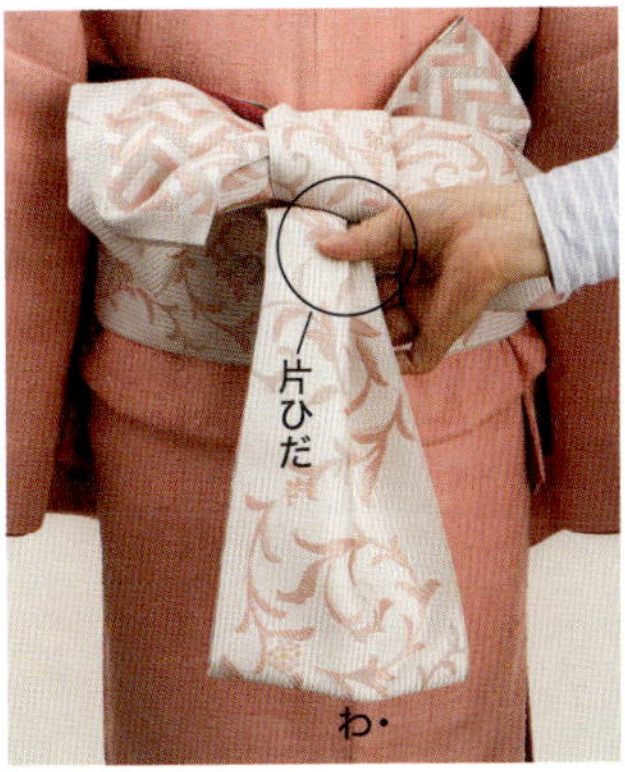

残りのたれを広げて内側に折り、元に片ひだをたたみます。

11

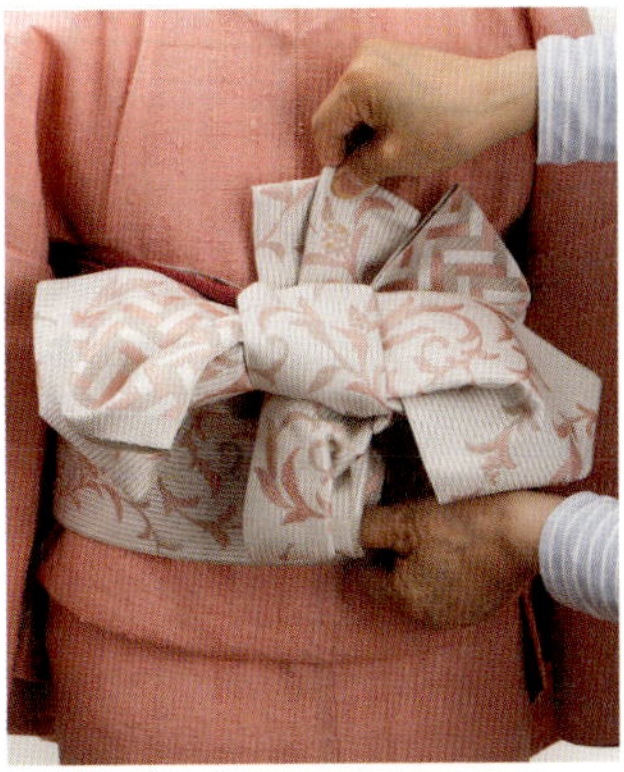

ひだを結び目の下から通して、上に出します。

12

結び目にかぶせ、たれ先を開きます。帯揚げを結び直し、帯締めを結んで、でき上がり。

＊帯締めの結び方は38～39ページ、帯揚げの結び方は40～41ページ。

りぼん系帯結び3 自分で結ぶ

トリプルりぼん

大小七枚の羽根を重ねてゴージャスに

たれで大中小の計六枚の羽根をつくり、て先をプラスすると、なんと計七枚。袋帯にも負けない華やかな結びです。帯の布目をきちんと通しましょう。

帯の色の濃い部分を上にすると目線が上がるので、すっきり見える。小紋に結んでパーティにも。

obi＊memo

素材 ＊ 絹
長さ ＊ 約４ｍ20㎝
ての長さ ＊ 約60㎝（手幅三つ半分）
難易度 ★★

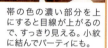

1

ての長さを60㎝とって、帯を胴に二巻きします。体の中心で、てが上になるように、てとたれを結びます。

＊帯を胴に二巻きするまでは、14～15ページ参照。

2

たれを元からきれいに広げ、羽根をつくります。

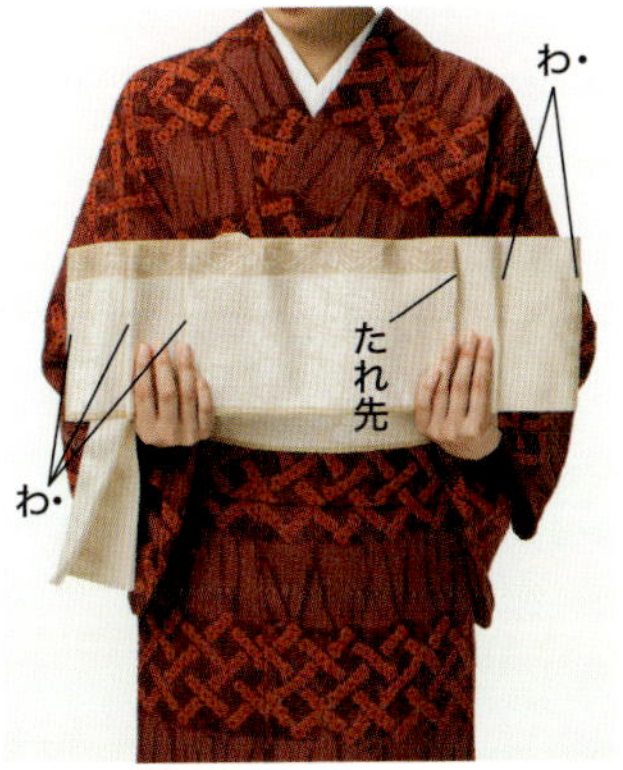

3

たれを屏風だたみにし、長さを少しずつ短くして、三枚の羽根をとって重ねます。

4

三枚の羽根の中央に一つ山ひだをとり、ゴムで留めます。

5

ゴムで留めたところに、てをかぶせます。

6

結び目の下に仮紐A（外さない）を当て、てを押さえます。仮紐は後ろにまわして結びます。続いて、て先を折り返します。

7

て先を折り上げ、結び目の上で仮紐Bで押さえます。仮紐は後ろにまわして結びます。

8

仮紐の上に細くたたんだ帯揚げを当て、前で仮結びをしておきます。

9

左右六枚の羽根を下向きに整えます。

10

て先の羽根を下ろして整えてから、帯を後ろにまわします。仮紐Bを引き抜いてから、仮紐A、帯揚げを結び直し、帯締めも結びます。

＊仮紐の結び方は37ページ、
帯締めの結び方は38～39ページ、
帯揚げの結び方は40～41ページ。

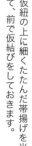

りぼん系帯結び 4 人に結ぶ

文《ふみ》重《がさ》ねりぼん

重ねたりぼんを文結びで固定

たれでつくったりぼんを重ねて羽根にし、最後に文結びで束ねた粋な帯結び。個性的に装いたいときのパーティ用としてもおすすめ。

個性派の訪問着には、ひねりの効いた帯結びで存在感を出して。

obi＊memo

素材 ＊ 絹
長さ ＊ 約４ m20㎝
ての長さ ＊ 約60㎝（手幅三つ半分）
難易度 ★★★

1

ての長さを約60㎝とって、胴に二巻きします。てが上になるように、てとたれを結びます。

＊帯を胴に二巻きするまでは、
14～15ページ参照。

2

たれを元からきれいに広げ、屏風だたみにして長さ約50㎝（手幅三つ分）の羽根をとり、中心をクリップで留めます。

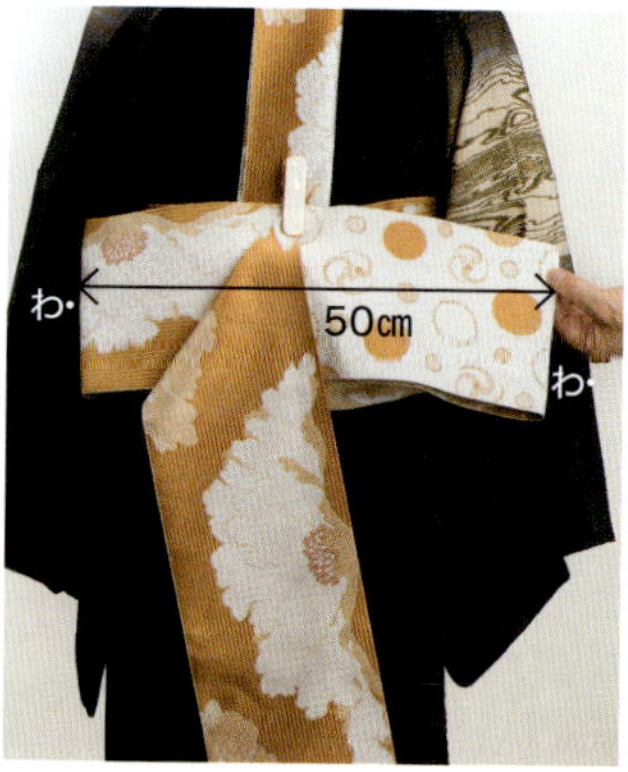

3

羽根の中央に二つ山ひだをとります。

4

二つ山ひだをゴムで留めます。

5

てを下ろし、羽根の中心にかぶせて一巻きします。

6

いったんてを引き上げます。写真ではわかりやすいように、て先をクリップで留めました。

7

続いて、て先をてとたれの結び目の間に通し、右下に引き出します。こうすることで、羽根がしっかり固定されます。

8

てのわを外側に向けます。羽根の下に半幅帯用の帯枕を当て、前にまわして結びます。

9

帯枕の上に帯揚げをかぶせ、前で仮結びをします。残りのたれを半分に折って布目を通し、羽根の上にのせて折り返し、りぼんにします。

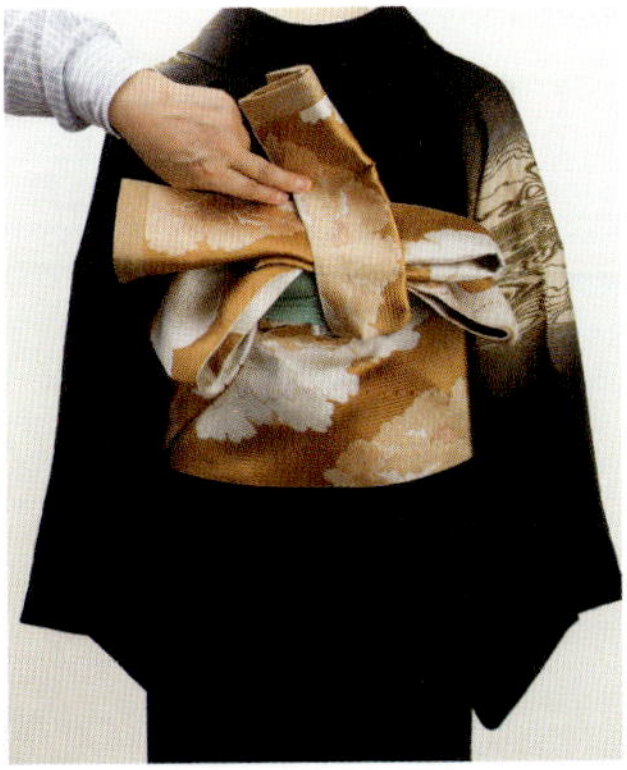

10

て先を下から羽根の上にかぶせます。

11

重ねたてのりぼんを束ねるようにして結びます（文結び）。結び目に仮紐（外さない）を通し、背中につけ、帯に入れ込んで前にまわして結びます。

＊仮紐の結び方は37ページ。

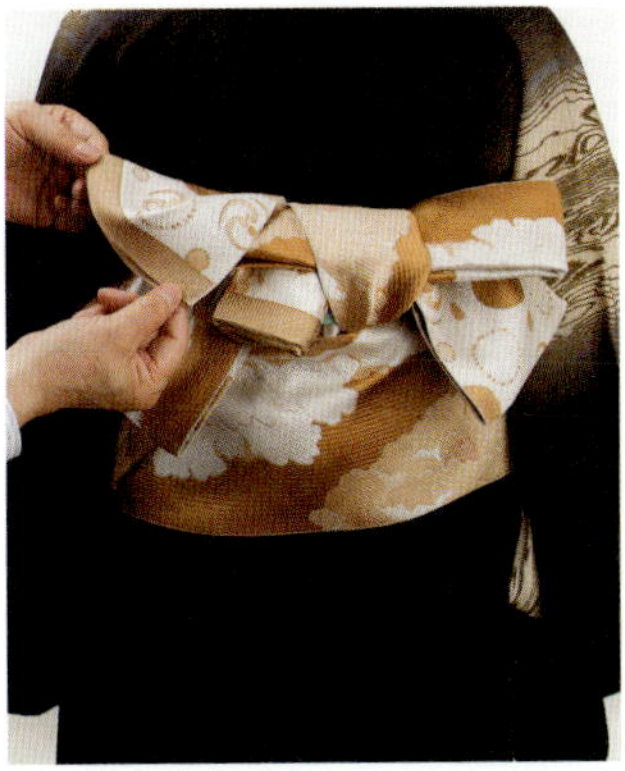

12

羽根を整えます。仮紐、帯揚げを結び直し、帯締めも結んででき上がり。

＊帯締めの結び方は38〜39ページ、
帯揚げの結び方は40〜41ページ。

りぼん系帯結び 5 人に結ぶ

りぼん角出し

りぼんの角を柔らかく仕上げた半幅角出し

角をりぼん結びにすることで、優しい仕上がりに。たれにも丸みを持たせて、ふっくらと形づくりましょう。

シックな大島紬に合わせた、型染めの帯で柔らかさを演出。小物の色で明るさをプラス。

obi＊memo

素材 ＊ 絹
長さ ＊ 約4m20cm
ての長さ ＊ 約80cm(手幅四つ半より長め)
難易度 ★★★

1

ての長さを約80㎝とって、帯を胴に二巻きします。てが上になるように、てとたれを結びます。

＊帯を胴に二巻きするまでは、14～15ページ参照。

2

たれを元からきれいに広げて右側から折り返し、約20㎝（手幅一つ分より長め）の羽根をとります。

3

羽根の元に二つ山ひだをとります。

4

二つ山ひだにてをかぶせて一結びし、左上に引き抜きます。

5

もう一度結び目にてをかぶせて結び、わを左上に引き出します。

6

たれを元からきれいに広げ、左下から結び目に通して、斜め右上に引きます。

7

たれを約25㎝（手幅一つ半分）残し、残りのたれを引き上げます。たれの長さはバランスを見ながら決めます。

8

片ひだをたたみ、表側を出す

残りのたれを右下から結び目に通し、体の中心で引き出します。このとき、たれ先に片ひだをたたみ、帯の表側を出します。

9

左のたれとのバランスを見ながら、たれ先を引き上げます。

10

＊帯揚げの結び方は40～41ページ。

たれの中に帯揚げを通し、前で結びます。

11

＊帯締めの結び方は38～39ページ。

帯締めを通して結び、羽根を整えでき上がり。

りぼん系 帯結び❻ 人に結ぶ

コンパクトりぼん

短い手づくり帯で超シンプルに

更紗《さらさ》柄《がら》の名古屋帯を半幅帯にリフォーム。少し短めですが、たれの使い方によってキュートなりぼん結びに。

ざっくりとした無地紬に、更紗の染め帯でアクセントを。

obi＊memo

素材 ＊ 絹（名古屋帯を半幅に仕立てたもの）
長さ ＊ 約3m60cm
て̇の長さ ＊ 約40cm（手幅二つ半より短め）
難易度 ★

1

てとの長さを40㎝とって、帯を胴に二巻きします。たれが上になるように、てとたれを結びます。

＊帯を胴に二巻きするまでは、14～15ページ参照。

2

てを半分に折って、斜め上に折り上げます。

3

てにたれをかぶせて結び、たれのわを出します。

4

てとたれを持って、結び目をしっかり締めます。

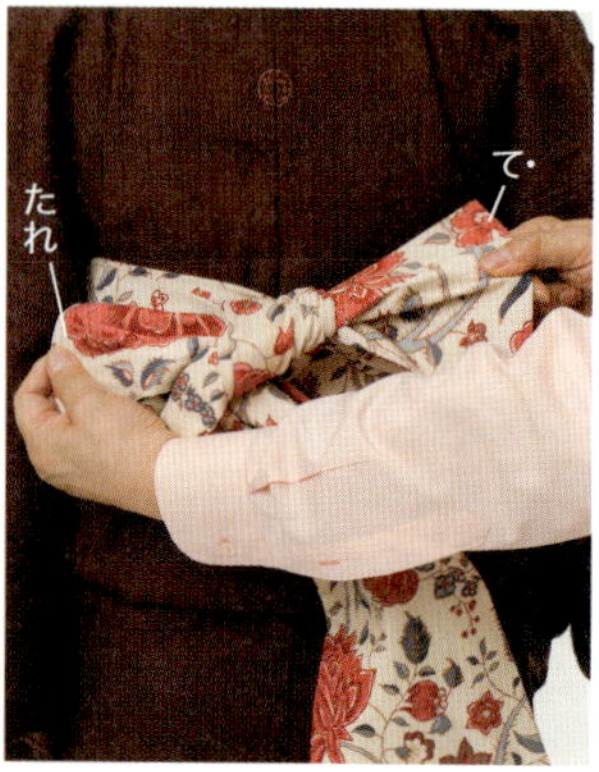

5

残りのたれを結びの下から通し、りぼんを残して左上に出します。

6

たれ先の上に細くたたんだ帯揚げを当て、前にまわして結びます。続いて結び目の下に帯締めを結び、たれ先を結び目にかぶせてでき上がり。

たれ先にひだをとって立体感を

＊帯締めの結び方は38～39ページ、帯揚げの結び方は40～41ページ。

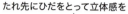

ちょっと
アレンジ!

プラス50㎝でボリューム感を

名古屋帯のはぎれを使って、長さ約50㎝の帯りぼんをつくっておくと、
こんな使い方も。シンプルなりぼん結びの上に、50㎝のりぼんを差し込むだけで、
ボリュームアップし、華やかな仕上がりになります。

81ページの仕上がりと比較すると、ボリュームの違いがよくわかる。

意外に便利なプラス50㎝。立体感を出したいときに効果的。

1 プラス50㎝を片ひだをとってから、長短をつけて二つに折ります。

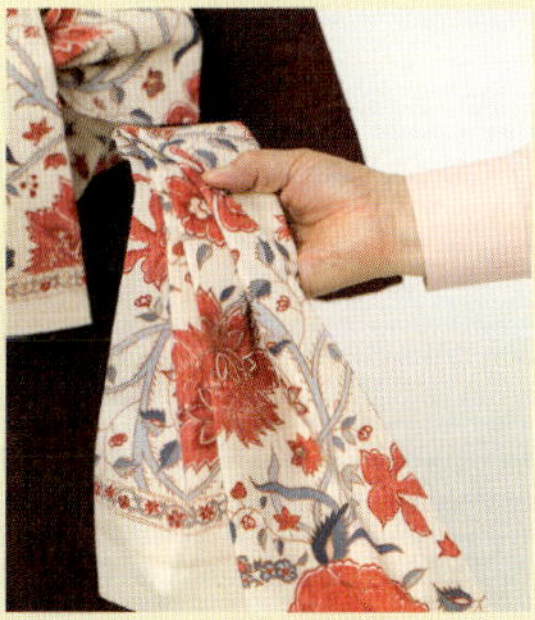

2 胴に巻いた帯ときものの間に入れます。

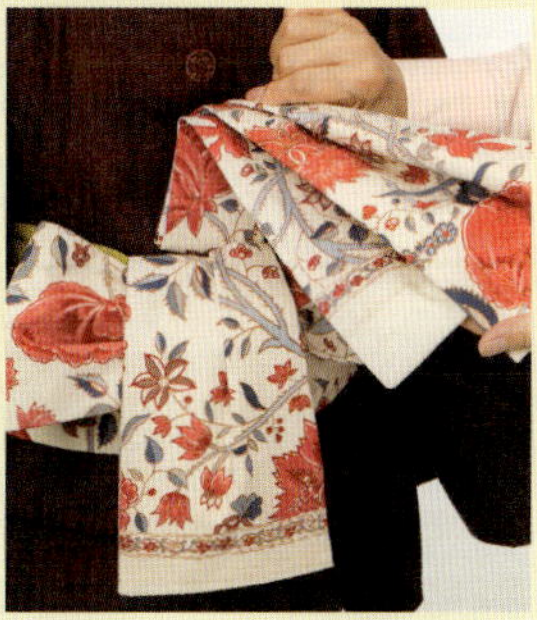

3 ヘラなどを用いて、胴に巻いた帯の半分くらいまで入れ込むと外れません。

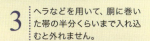

半幅帯のコーディネート❷

軽めの付け下げや訪問着でパーティに

可憐な花模様の
訪問着に
ベーシックな博多帯

さわやかなグリーン地に白いクチナシの花を染め抜いた訪問着。全体にグリーンと白を濃淡で使い、花芯の朱色をアクセントに効かせた控えめなデザイン。ベージュ地の博多織の帯を華やかに結ぶと、存在感のある仕上がりになります。海外でのパーティにもおすすめ。

後染《あとぞ》めの紬の訪問着に無地感覚の帯でモダンに

深いグリーン地の紬に大小あられ風の模様を染めたお洒落な訪問着。すっきり見せたいときは、無地系の白っぽい帯を合わせて若々しさをアピール。黄色い帯揚げで明るさを。趣味の集まりや仲間うちのお茶会にも。

紫地の上品な訪問着に箔《はく》を織り込んだ上質帯を

落ち着いた紫地に葉影模様を優しげに染めた訪問着。パーティには箔を織り込んだ帯を華やかに結んで、個性的な装いを楽しみましょう。大ぶりの文庫結びや立体的なお太鼓系を。

単色の個性派付け下げに二色に染め分けた華やか帯

グレーがかった茶系に小花柄を白く染め抜いた華やかな付け下げは、ディナーなどに最適の一枚。同系色のエレガントな帯を合わせてドレスアップし、朱色の帯揚げで華やぎをプラス。

お太鼓系 帯結び❶

自分で結ぶ

角《つの》出《だ》し太《だい》鼓《こ》

左右の角をきりっと仕上げる関東風

左右から角がのぞくお太鼓結びを半幅帯を使って結びます。てとたれを結ぶときに、たれ先を少し残します。これが体型カバーに役立ちます。

さわやかな花柄小紋のきものに博多織の半幅帯。習い事や買い物など、気軽なお出かけに最適。

obi＊memo

素材 ＊ 絹
長さ ＊ 約４ m20㎝
ての長さ ＊ 約40㎝(手幅二つ半より短め)
難易度 ★★

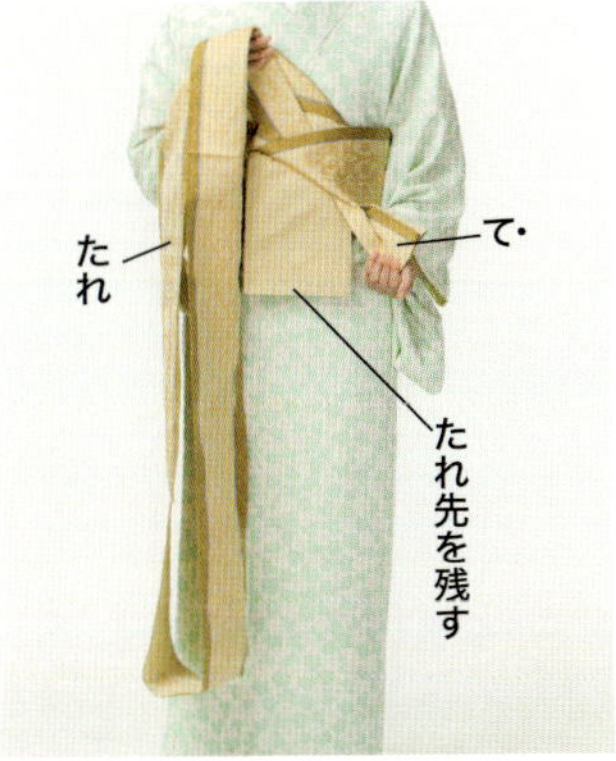

1

ての長さを約40㎝とって、帯を胴に二巻きします。てが下になるように、てとたれを結びますが、たれ先を帯下から約10㎝残します。

＊帯を胴に二巻きするまでは、14～15ページ参照。

2

たれ先側の帯を衿にクリップで留め、て先とたれの元を持って、帯を締めます。

3

て先を斜め上に折り上げ、半分に折ったたれをかぶせます。てとたれを結びます。

4

てとたれを引き締めます。

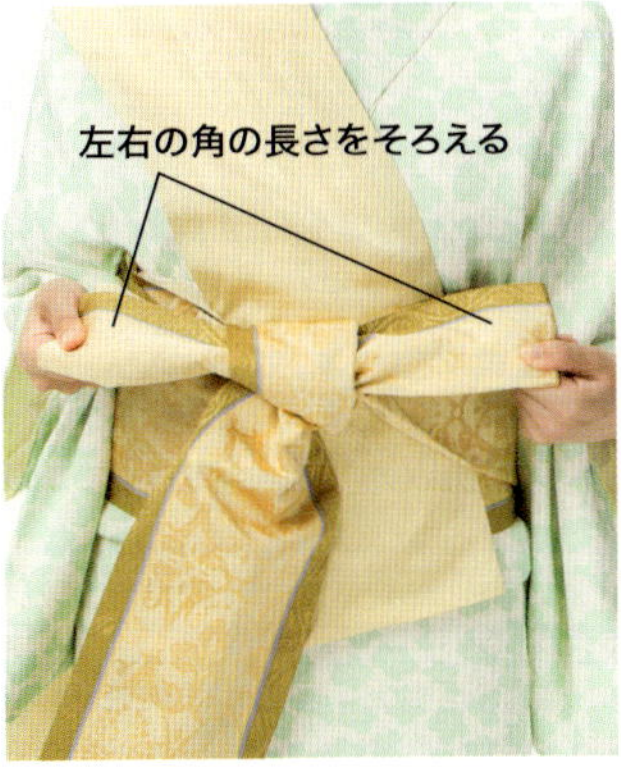

5

これで角《つの》ができました。

6

右肩にあずけておいたたれを外して結び目にかぶせ、二枚のたれをきれいに重ねます。たれを約60㎝（手幅三つ半分）とります。

7

余分のたれを外側にたたんで、たれの長さを約60㎝にします。たれが四枚重なった状態です。

8

たれの中心に内側から仮紐（外さない）を当て、後ろにまわして仮結びをします。

9

仮紐を当てたところに細くたたんだ帯揚げを当て、後ろにまわして仮結びをします。

10

たれを広げます。ここでは表と裏の二枚を出しましたが、好みで三枚出しても。

11

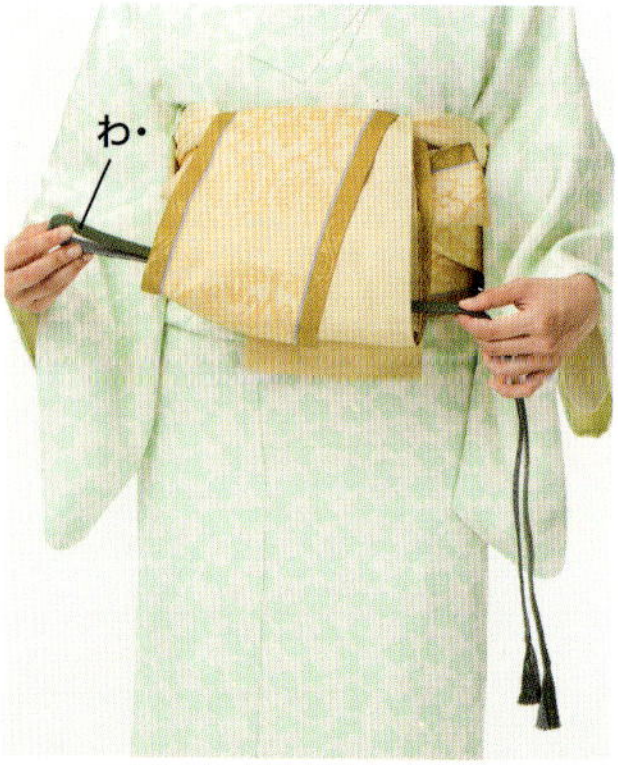

たれの中に帯締めを通します。帯締めは二つ折りにして、わから通し、後ろにまわして仮結びをします。

12

たれの部分に丸みがつくように整え、帯を後ろにまわします。仮紐、帯揚げ、帯締めを結んででき上がり。

＊仮紐の結び方は37ページ、帯締めの結び方は38～39ページ、帯揚げの結び方は40～41ページ。

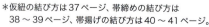

ちょっとアレンジ！

はんなりした関西風角出し太鼓

お太鼓の左右からのぞく角の表情に注目を。
86ページの角出し太鼓は、帯幅を半分に折ってあるため、
角が細くシャープな印象です。
それに対して関西風は角を広げて、りぼんのような仕上がり。
きりっと粋な角出し太鼓とふんわり雅な角出し太鼓、
どちらもお洒落な大人の半幅帯スタイルです。

たれ先を二枚並べると、より体型カバーに。たれ先は余分のたれでとります。結び方は90ページの重ね角出し、96ページのシンプル角出しなどを参照。

お太鼓系 帯結び 2 自分で結ぶ

重ね角出し

左右の角を控えめにして、お太鼓を強調

半幅帯を二枚並べて帯幅を広くとっているため、名古屋帯とほとんど変わりません。全体を優しい雰囲気に仕上げます。

上質な型染めの半幅帯を色無地に合わせて、観劇や食事会に。

obi＊memo

素材 ＊ 絹
長さ ＊ 約4ｍ20㎝
ての長さ ＊ たれと同じ長さ
難易度 ★★

1

ての長さをとります。ての長さは帯の長さによって異なるので、実際に胴に二巻きしてから決めます。

2

たれを胴に二巻きします。このとき、てとたれの長さが、ほぼ同寸になるようにします。

＊帯を胴に二巻きするまでは、14～15ページ参照。

3

てが上になるように、てとたれを結びます。

4

たれを元から半分に折り、16～17㎝（手幅一つ分）の羽根をとります。

5

4の羽根に、半分に折ったてをかぶせます。

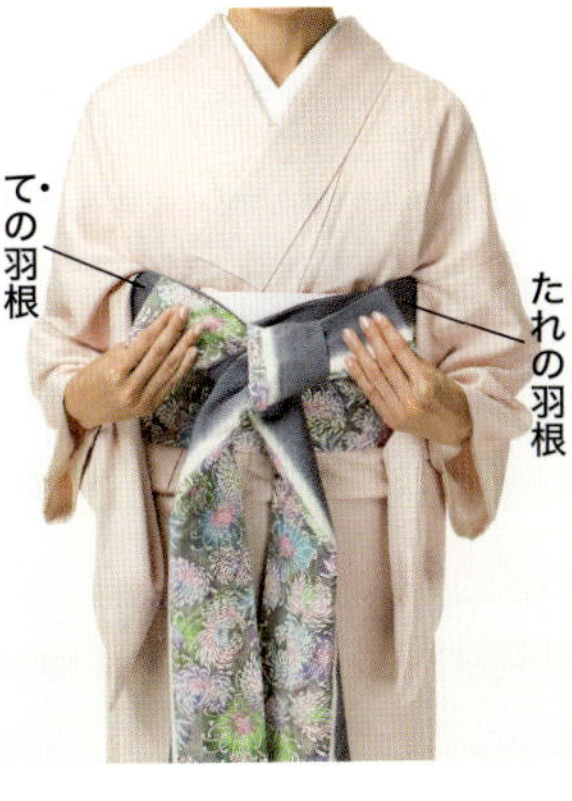

6

てとたれを結び、左右の羽根を同じ長さにします。

7

てとたれを元からきれいに広げ、てにたれを少しずらして重ねます。

8

てとたれの内側に、細くたたんだ帯揚げを当て、後ろにまわして仮結びをします。

＊写真ではわかりやすいように、てとたれを上げています。

9

てとたれを下ろし、お太鼓の下線を決めて内側に仮紐を当て、てとたれを折り上げます。お太鼓の下線は、胴に巻いた帯の下あたりを目安に。

10

仮紐を後ろにまわして仮結びをしたら、仮紐を通したところに帯締めを通します。

11

帯締めを後ろにまわして仮結びをし、仮紐を外します。

12

帯を後ろにまわし、帯揚げと帯締めを結び直します。

＊帯締めの結び方は38～39ページ、帯揚げの結び方は40～41ページ。

お太鼓系 帯結び③ 自分で結ぶ

ダブル角出し

てをダブルにとって、動きをつけて

左右の角を強調した帯結びです。てをダブルにとることで、角が三つできました。て先を広げて表情をつけましょう。

格調のある柄を織り出した半幅帯は、作家ものの江戸小紋に合わせてよそゆきに。

obi＊memo

素材 ＊ 絹
長さ ＊ 約４m20㎝
ての長さ ＊ 80㎝（手幅四つ半より長め）
難易度 ★★★

1

ての長さを約80㎝とって、帯を胴に二巻きします。たれが上になるように、てとたれを結びます。

＊帯を胴に二巻きするまでは、14～15ページ参照。

2

たれは全部引き抜かず、たれ先から10㎝くらいのところに仮紐を当てます。てを半分に折って布目を通し、二つに折ります。

3

半分に折ったてにたれをかぶせます。

半分に折る

4

そのまま結びます。

5

残りのたれ（輪になっている）をきれいに整えます。

6

たれの内側に仮紐（外さない）を当て、後ろにまわして仮結びをします。

7

仮紐の上に細くたたんだ帯揚げを当て、後ろにまわして仮結びをします。

8

たれを下ろし、二枚をきれいに重ねます。

9

たれの内側に帯締めを当て、後ろにまわして仮結びをします。

10

・て先の羽根を広げて形づくります。

11

たれの内側を少し出し、たれの幅を広げます。**2**の仮紐を外します。帯を後ろにまわし、仮紐、帯締め、帯揚げを結び直します。

＊仮紐の結び方は37ページ、帯締めの結び方は38～39ページ、帯揚げの結び方は40～41ページ。

お太鼓系 帯結び④ 人に結ぶ

シンプル角出し

角を短めにとって、お太鼓部分を伸びやかに

・てを二つに折って短めの角にし、たれを三等分してお太鼓をつくります。
半幅帯のお太鼓系帯結びはさまざまな方法があり、仕上がりの形も個性的。

細い縞柄の粋な小紋に、楽しい楽器柄の半幅帯を合わせて趣味の集まりに。

obi＊memo

素材 ＊ 絹
長さ ＊ 約４ m20㎝
その長さ ＊ 約60㎝（手幅三つ半分）
難易度 ★★

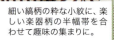

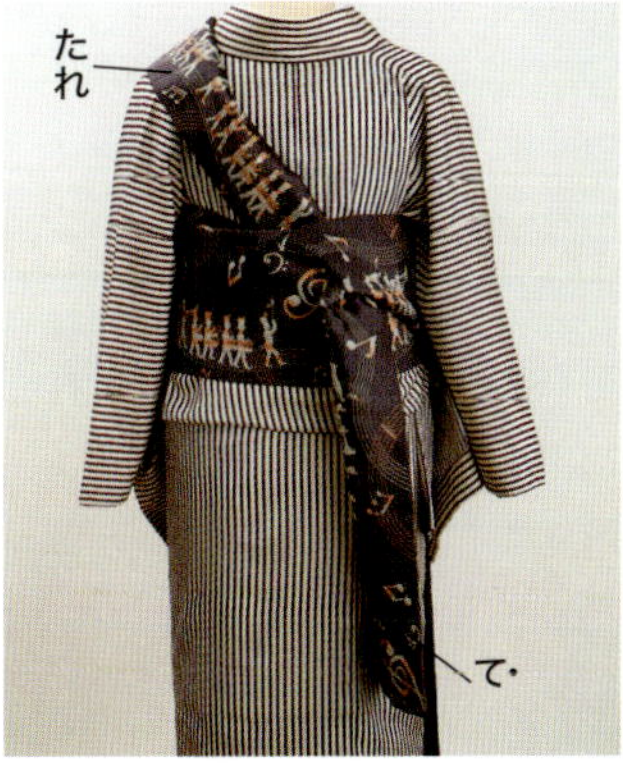

1

ての長さを約60㎝とって、帯を胴に二巻きします。たれが上になるように、てとたれを結びます。

＊帯を胴に二巻きするまでは、14～15ページ参照。

2

ての帯幅を半分に折って布目を通し、二つ折りして結び目の上にのせます。これが角《つの》になります。

3

2でつくった角の中心を、ゴムで留めます。

4

たれを下ろし、元からきれいに広げます。

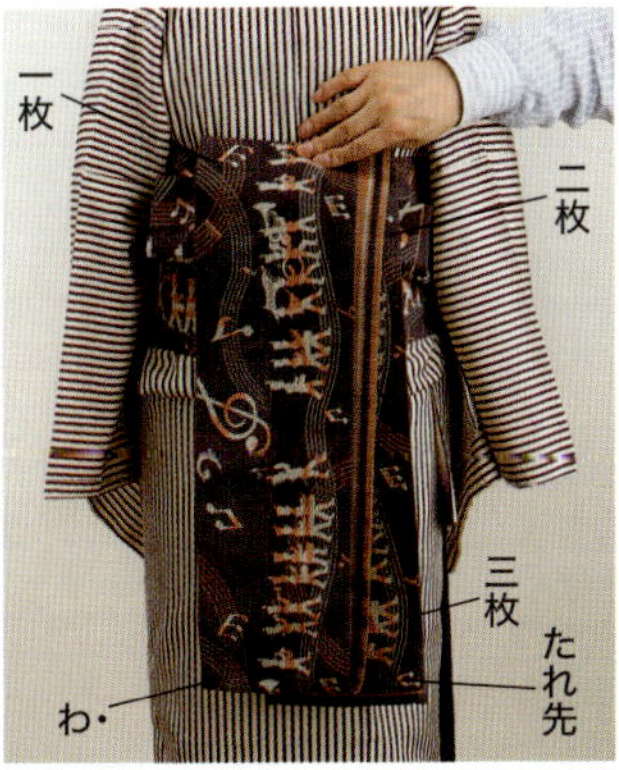

5

たれを内側に折り込んで、長さを三等分します。

半幅帯用の帯枕

6

5の二枚と三枚の間に半幅帯用の帯枕を当て、前にまわして結びます。帯枕のガーゼ紐は、結んでから前帯に入れ込みます。

7

帯枕に帯揚げをかぶせ、前にまわして仮結びをします。

8

たれを下ろし、二枚のたれを少し重ねて広げます。

9

お太鼓の下線（胴に巻いた帯の下くらい）をとり、内側に仮紐を当てます。ここではわかりやすいように、クリップで留めました。

10

たれ先はひと差し指一本分くらいの長さをとり、残りのたれを内側に折り込んで、仮紐で押さえます。仮紐を当てたところに帯締めを通します。

11

帯締めを前で結んだら、**9**で使用した仮紐を外します。

＊帯締めの結び方は 38 ～ 39 ページ。

12

帯揚げを結び直して、でき上がり。

＊帯揚げの結び方は 40 ～ 41 ページ。

お太鼓系 帯結び5 人に結ぶ

半《はん》幅《はば》太《だい》鼓《こ》

二枚をつなげて 一重太鼓《いちじゅうだいこ》風に

でき上がりの形は名古屋帯で結んだ一重太鼓のよう。帯の表と裏を効果的に使って、お洒落な仕上がりになっています。

ぼかしの色無地に、織りの帯の組み合わせは、ちょっと改まった席にも。

obi＊memo

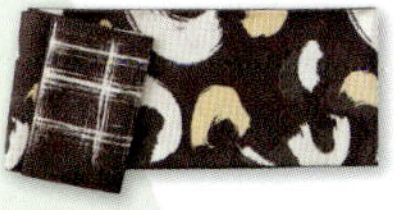

素材 ＊ 絹
長さ ＊ 約4 m20㎝
ての長さ ＊ 約60㎝（手幅三つ半分）
難易度 ★★

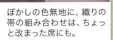

1

ての長さを約60㎝とって、帯を胴に二巻きします。たれが上になるように、てとたれを結びます。

＊帯を胴に二巻きするまでは、14～15ページ参照。

2

たれ先を約10㎝残します。おはしょりの少し下くらいを目安に。

3

残りのたれを、きれいに整えて二つに折り、先端を**2**のたれ先に合わせて重ねます。たれ先を仮紐で押さえます。

4

たれを下ろし、内側に帯枕を当て、前にまわして結びます。帯枕は半幅帯用のほか、通常のお太鼓用（帯山が大きく見える）でもOK。

5

二枚重なっているたれの内側を左に開きます。たれ先の柄の出し方と逆になります。

6

帯枕の上に帯揚げをかぶせて、前にまわして仮結びをします。

7

お太鼓の下線（胴に巻いた帯の下あたり）に内側から仮紐を当て、残りのたれを内側に折り込みます。ここではわかりやすいように、クリップで留めました。

8

仮紐を前にまわして仮結びをし、前にあずけておいたてを戻します。

9

てを広げて帯の裏側を出し、お太鼓の中に入れます。

10

左側からて先を少し出します。

11

てに帯締めを通し、前で結びます。

＊帯締めの結び方は38～39ページ。

12

3と**7**で使用した仮紐を外し、帯揚げを結び直します。

＊帯揚げの結び方は40～41ページ。

お太鼓系 帯結び 6 人に結ぶ

半幅ふくら雀《すずめ》

左右の小さな羽根をそろえ、お太鼓をふっくらと

通常は袋帯で結ぶふくら雀ですが、半幅帯でも工夫すれば、こんなにキュートなふくら雀のでき上がり。ボリュームを抑えた大人の帯結びです。

控えめな訪問着に結んだ半幅ふくら雀。半幅帯でも、ここまでドレスアップできる。

obi＊memo

素材 ＊ 絹
長さ ＊ 約４m20㎝
て の長さ ＊ たれと同じ長さ
難易度 ★★★

1

たれ
て

帯を胴に二巻きしたとき、てとたれの長さが、ほぼ同寸になるようにします。

＊帯を胴に二巻きするまでは、14～15ページ参照。

2

たれ
て

たれが上になるように、てとたれを結びます。

3

て
たれ
少し斜めにひだをとる

て先とたれ先に斜めに一つ山ひだをとり、ゴムで留めます。ゴムを留める位置は、手幅一つ分くらいを目安にします。

4

て先

て先を結び目の右側に当てます。

5

中心でて先とたれ先を交差させる
て先
たれ先

たれ先を結び目の左側に当て、仮紐（外さない）で押さえます。

6

結び目の下のたれとてを整え、片ひだをたたみます。てにたれを重ね、手幅一つ分のところをクリップで留めます。

7

クリップをいったん外して仮紐を通し、再びクリップを留めます。仮紐は前にまわして仮結びをします。

8

仮紐のところに帯枕を当て、前にまわして結んだら、仮紐を外します。帯枕は半幅帯用のほか、通常のお太鼓用のものでもかまいません。

9

帯枕に帯揚げをかぶせ、前にまわして仮結びをします。

10

重なった二枚のたれ（一枚はて）の中に仮紐を通し、お太鼓の大きさを決めます。胴に巻いた帯の下あたりを目安に。

11

お太鼓の下線が決まったら、布目を通して折り、クリップで留めます。

12

残りのたれを整えて、たれ先をとります。二枚のたれの重なりをきちんとそろえることがポイント。

13

たれ先が決まったら、仮紐で押さえます。

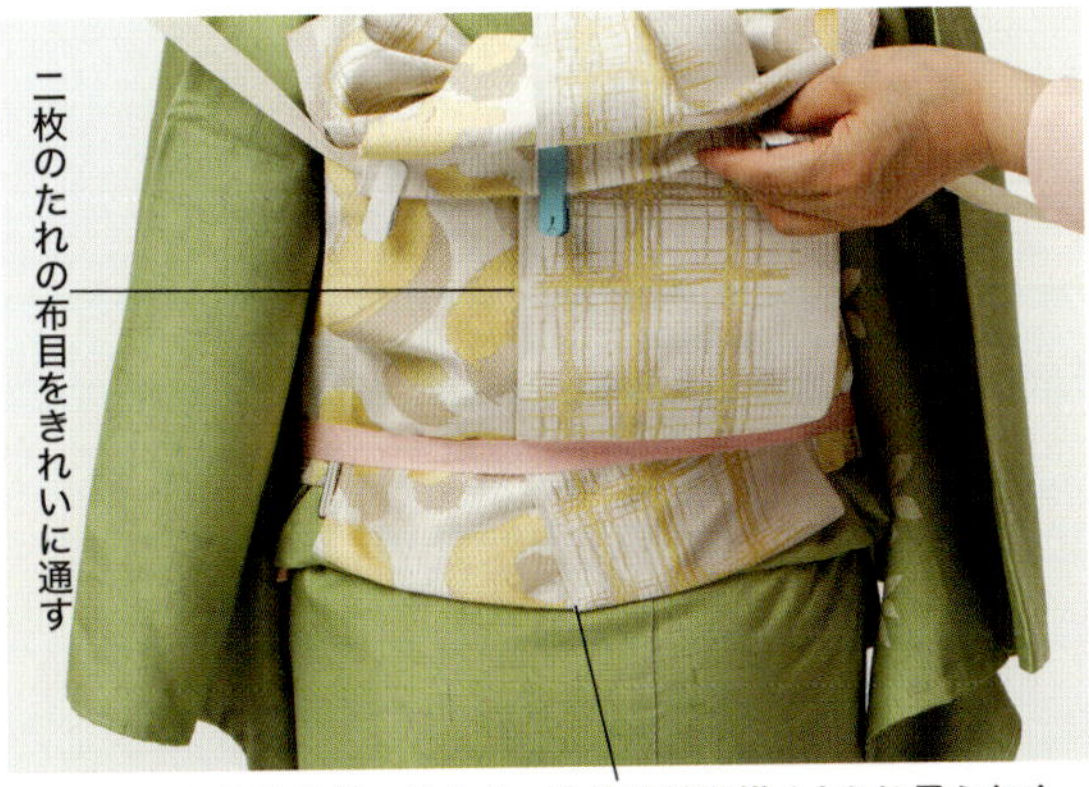
二枚のたれの布目をきれいに通す
たれ先は直線ではなく、やや曲線を描くように柔らかく

14

たれ先にお太鼓を合わせて、クリップを外します。仮紐を前にまわして結びます。

15

13で使用した仮紐を外します。

16

お太鼓の中に帯締めを通し、前にまわして結びます。

＊帯締めの結び方は38～39ページ。

17

10で使用した仮紐を外し、帯揚げを結び直します。

＊帯揚げの結び方は40～41ページ。

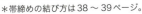

半幅帯のコーディネート③

夏のきものには素材や色で涼しさを

優しい色の絽《ろ》の小紋には メリハリの利いた帯をポイントに

さわやかなブルー地に蛍《ほたる》ぼかしの絽の小紋。コントラストのついたモノトーンの帯を合わせると、より涼感が増します。表は淡い色の市松《いちまつ》模様、裏は黒地の花模様、どちらが表でもかまいませんが、リバーシブルのよさを生かした帯結びを。夏のパーティに最適。

しぼが心地よい麻縮《あさちぢみ》に格子柄のポップな帯で

グラデーション使いが涼しげな縮のきものは、浴衣のようにカジュアルな装いも楽しめます。ピンクの格子柄の半幅帯をラフに結んで、気軽なお出かけに。明るい小物で若々しさを。

越後上布《えちごじょうふ》の訪問着にブルー地の上質な博多織

淡いグレー地に茶屋辻《ちゃやつじ》模様を染めた控えめな訪問着。涼しげな地色の博多織の帯をお太鼓風に結んで、観劇や食事会、趣味の集まりなどに。小物でほんの少し甘さを添えましょう。

シックな絹芭蕉《きぬばしょう》の小紋にモダンな帯で今っぽく

濃い地のきものは、白地とはまた違った涼感が味わえます。現代風に装うなら、組帯《くみおび》の半幅帯でスタイリッシュに。裏表を効果的に使って、お洒落感を演出して。習い事や友人との集まりなどに。帯／日本橋 成匠

三枚重ね

三重紐・四重紐使いの帯結び 1 人に結ぶ

三枚の羽根をバランスよく重ねて、華やかに

たれを使って、羽根を三枚とりますが、そのときに三重紐を使うと、ビギナーにも手軽に結べます。たれの布目をきれいに通しましょう。

縞に宝尽し模様を刺繍で散らしたこだわり小紋。博多織の上質帯で大人の装い。

obi＊memo

素材 ＊ 絹
長さ ＊ 約４m20㎝
ての長さ ＊ 約60㎝（手幅三つ半分）
難易度 ★★（★が少ないほど簡単）

1

ての長さを約60㎝とって、てとたれを結び、結び目の上に三重紐を当てます。三重紐は前にまわして結び、紐端は帯の中に入れ込みます。

＊帯を胴に二巻きするまでは、14～15ページ参照。

2

たれを元からきれいに広げ、衿が隠れるくらいまでの長さをとります。これが一番上の羽根になります。

3

羽根を三重紐の二本め（真ん中）で押さえます。

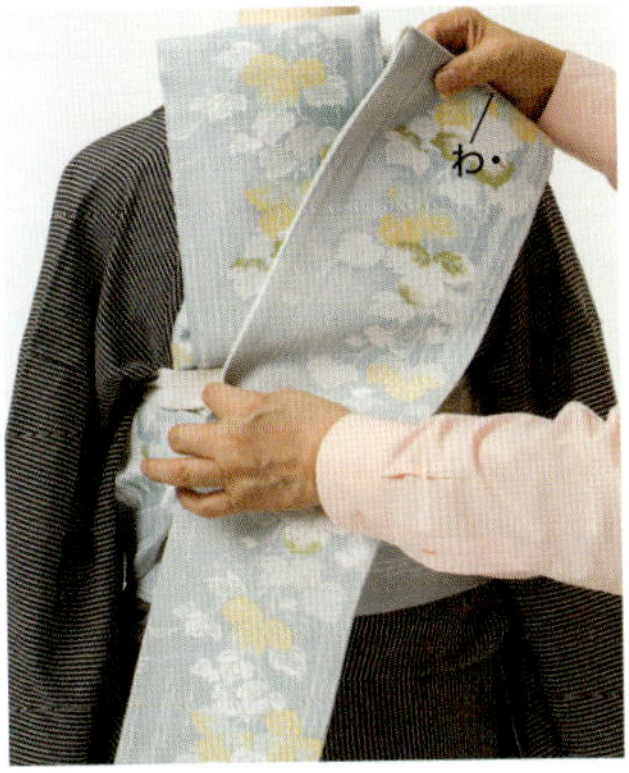

4

残りのたれを右肩に当て、同じくらいの羽根をとります。

5

三重紐の三本め（外側）の紐で押さえます。

6

残りのたれを左肩に当てて同様の羽根をとり、中心に帯枕を当てます。帯枕の大きさは好みで。

7

帯枕に帯揚げをかぶせ、前にまわして仮結びをします。

8

たれを下ろします。続いて、てを下ろし、帯の布目を通して、帯幅を三つ折りします。

9

三重紐の一本め（背中側）にはさんでねじります。

10

もう一回、同じところにはさんでねじります。

11

て先を広げて整えます。

12

帯締めを当てて結び、帯揚げを結び直します。

＊帯締めの結び方は38～39ページ、
帯揚げの結び方は40～41ページ。

三重紐・四重紐使いの帯結び②
人に結ぶ

ローズひだ重ね

花束のように、全体をふっくら形づけて

・て先とたれ先にローズひだをとり、仕上げに二つのひだを組み合わせて大輪の薔薇のようにアレンジします。四本の紐がついた四重紐を使用。

グレー地の絞り染めの訪問着に、同系色の帯で上品にまとめて。パーティ向き。

obi＊memo

素材 ＊ 絹
長さ ＊ 約4 m20㎝
て の長さ ＊ 約60㎝（手幅三つ半分）
難易度 ★★★

ローズひだのつくり方

て先を少しずらして三回くらい屏風だたみにして、端からくるくると巻き、元をゴムで留めます。最終的には先端を外側に広げて、花びらのように形づくります。

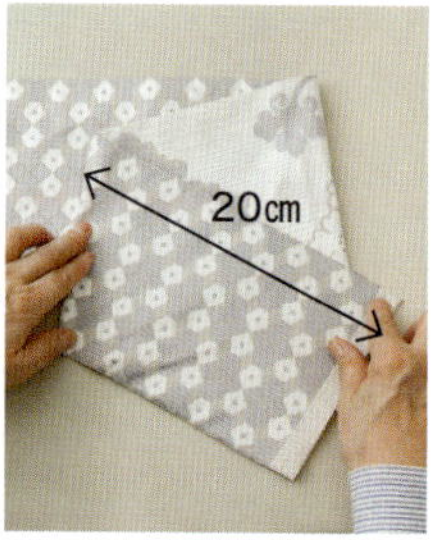
20㎝

1 て先とたれ先にローズひだ（バイアスひだ）をつくったら、て先を四重紐の一本め（背中側）で押さえます。

て先のローズひだ
四重紐
たれ先にもローズひだ

2 帯を胴に二巻きし、てが上になるように、てとたれを結びます。てとたれを結んでから、四重紐をつけてもかまいません。

＊帯を胴に二巻きするまでは、14～15ページ参照。

3 たれを結び目からきれいに広げ、左肩に向けて手幅一つ分の羽根をとります。

わ
たれ

4 羽根の背中側に片ひだをたたみます。

片ひだ

5 羽根を四重紐の二本めで押さえます。

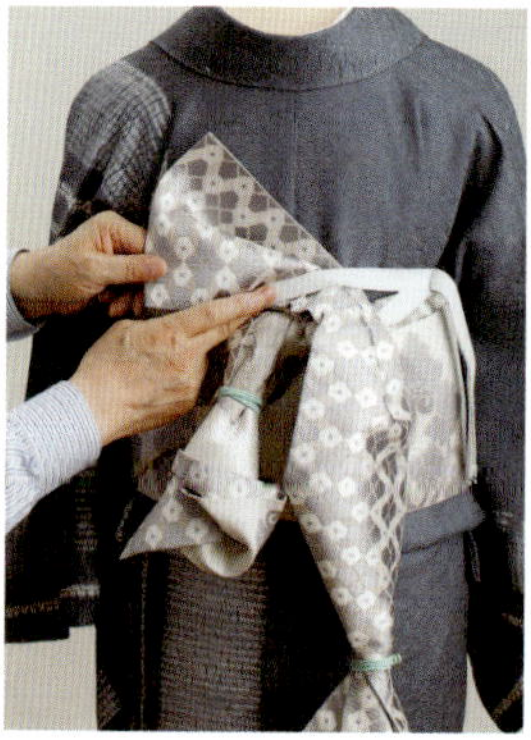

6 残りのたれを片ひだに重ねるように折り上げて、ローズひだを四重紐の三本めで押さえます。

たれ先

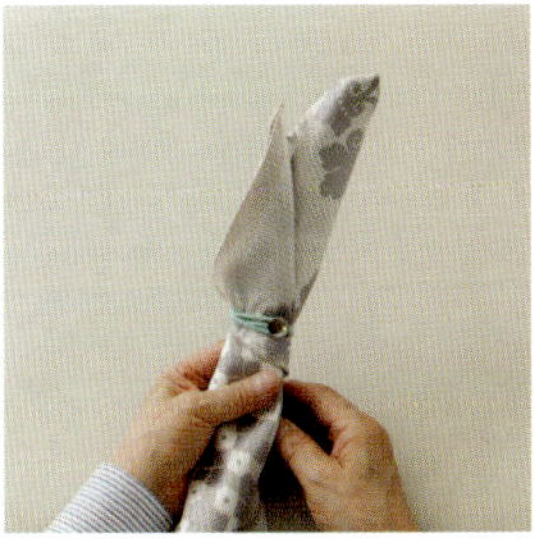

7 たれ先のひだを開きます。

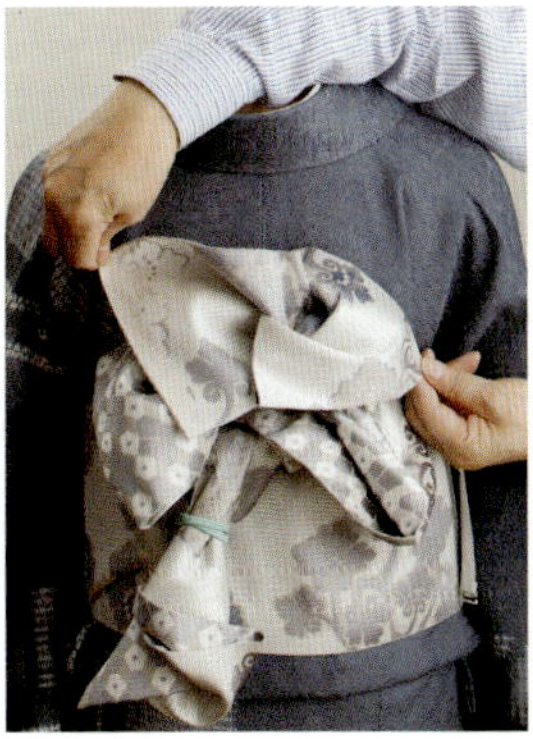

8 たれの反対側、わの部分を開いて、布目を通します。

9 て先をたれ先のひだと交差させて右上に出し、四重紐の四本め(外側)で押さえます。

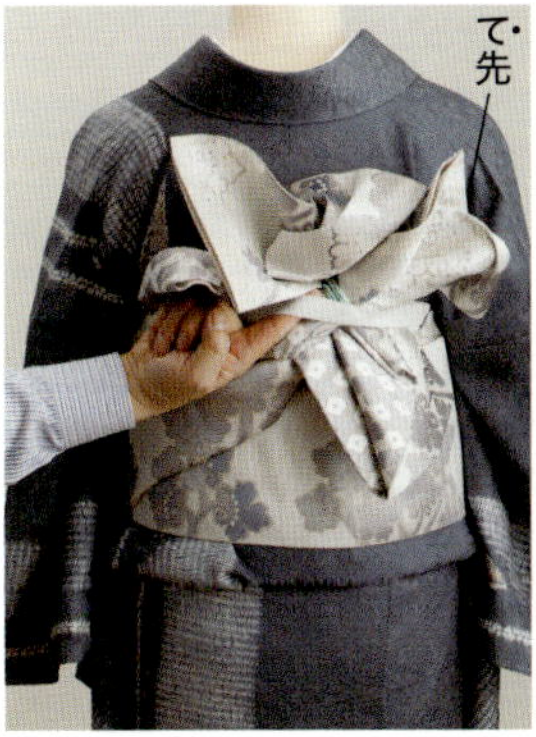

10 ひだを交差させたところに、半幅帯用の帯枕を当て、前にまわして結びます。

11 帯枕の上に帯揚げをかぶせ、胴に巻いた帯の中心に帯締めを結びます。

＊帯締めの結び方は38～39ページ、帯揚げの結び方は40～41ページ。

12 上に向いている羽根を、全て下向きにふっくらと形づくります。

たれ重ね

三つの三角りぼんをポイントにふっくらと

便利な三重紐を使って左右のりぼんを押さえてから、たれを下から巻いていきます。三つ並んだ三角形には帯の裏側を出してアクセントに。

カジュアルな格子柄の紬に、麒麟柄を織り出したユニークな帯。気軽なお出かけに。

obi＊memo

素材 ＊ 絹
長さ ＊ 約４ｍ20㎝
たれの長さ ＊ 約40㎝(手幅二つ半より短め)
難易度 ★★

1

てが上になるように、てとたれを結び、結び目の上に三重紐をつけます。続いて、て先に約20㎝の羽根をつくります。

＊帯を胴に二巻きするまでは、14～15ページ参照。

2

羽根を三重紐の二本め（真ん中）で押さえて、右側に出します。

3

たれの裏側を出して布目を通し、左側の羽根をつくります。大きさは右側にそろえます。

4

羽根を三重紐の三本め（外側）で押さえて、左側に出します。

5

残りのたれを元からねじって帯の表側を出し、たれ先を下から帯の結び目に通します。

6

体の中心にたれを通し、全部引き上げます。

7

結び目にたれをかぶせ、少し左に傾けます。

たれ下は巻いた帯のやや上くらい

8

左に傾けたまま、結び目に下からたれを通し、バランスを見ながら左上へ引き抜きます。

左右の角を合わせる

9

今度はたれを右に傾けてかぶせ、右上へ引き抜きます。

10

たれ先はそのままかぶせておき、右側から細くたたんだ帯揚げを入れます。ヘラなどを使うと、通しやすくなります。

11

たれ先を折り返し、帯揚げは前にまわして結びます。続いて帯締めも通して、前で結びます。

＊帯締めの結び方は38 ～ 39ページ、
帯揚げの結び方は40 ～ 41ページ。

12

帯の形を整えて、でき上がり。たれ先の長さは、帯の長さによって多少異なります。

文重ね

羽根やりぼんに、エレガントな文結びを添えて

三重紐を使って羽根やりぼんを重ねることで、華やかさを出したデザイン。

付け下げ風の個性派紬に、モノトーンの帯を合わせてモダンに。

obi＊memo

素材 ＊ 絹
長さ ＊ 約４ｍ20㎝
ての長さ ＊ 約60㎝（手幅三つ半分）
難易度 ★★★

1 て先に文結びをし、てが上になるようにてとたれを結び、てを押さえるように三重紐を当てます。

文結び
三重紐
たれ

＊帯を胴に二巻きするまでは、14～15ページ参照。

2 たれを元からきれいに広げ、右肩に当てます。

わ
たれ

3 約20㎝（手幅一つ分より長め）の羽根をとり、片ひだをたたみます。

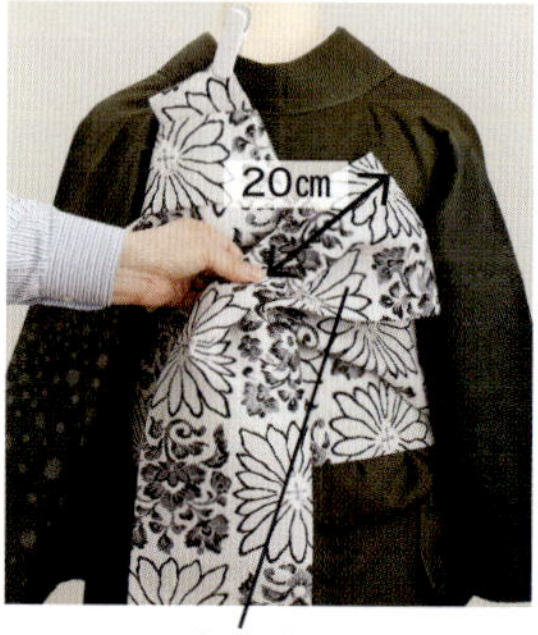
20㎝
片ひだ

4 羽根を右肩に当て、三重紐の二本め（真ん中）の紐で押さえます。

5 続いて、もう一枚同じようにして、少し長めの羽根をとります。

わ

6 片ひだをたたみ、三重紐の三本め（外側）で押さえたら、左下に垂らします。

文結びのつくり方

て先の帯幅をきちんと半分に折り、半分に折った状態で一結びします。ここではたれを引き抜かないので、わにして結んでいます。

A
帯幅の半分
わ
て先

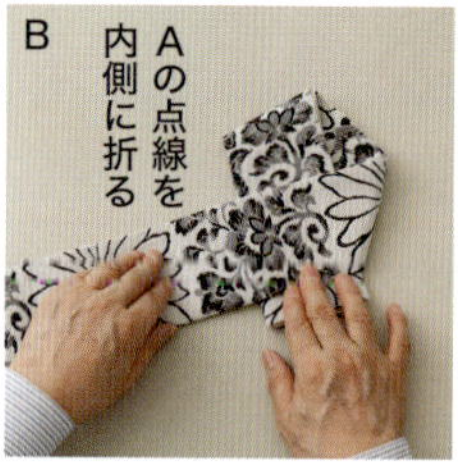
B
Aの点線を内側に折る

C
わ
手で押さえる

D
★と同じくらい出す
★

7 残りのたれをひだの流れを生かして整えます。

8 たれのひだを折り返して、三重紐の一本め（背中側）で押さえます。

9 結び目の上に折りたたんだ帯揚げを当て、前にまわして結びます。

薄手のタオルなどを入れて、ふっくらさせる

＊帯揚げの結び方は
40 〜 41 ページ。

10 たれとて先を下ろして形を整え、帯締めを当てて結びます。

＊帯締めの結び方は
38 〜 39 ページ。

ちょっとアレンジ!

たれ先の裏を出す

表が総柄、裏は無地の場合は、どこかで裏を見せたいもの。とくに羽根が多く重なる帯結びは、無地が見えることで引き締め効果も期待できます。

7で残りのたれを整える際に、ねじって裏を出す。

そのまま折り上げて三重紐で押さえ、下ろすと裏側の無地が出る。

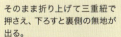

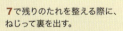

三重紐・四重紐使いの帯結び 5

人に結ぶ

半幅立《た》て矢《や》

斜めに羽根を重ねた華やか結び

ふくら雀と同じように、袋帯で結ぶ立て矢結びも、半幅帯でここまで結べます。

小紋のきものに格調の高い織り柄の帯は、ちょっとしたおよばれにも。

obi＊memo

素材 ＊ 絹
長さ ＊ 約4 m20㎝
ての長さ ＊ 約80㎝（手幅三つ半分）
難易度 ★★

1 たれが上になるように、てとたれを結び、たれを下ろして三重紐を当てます。

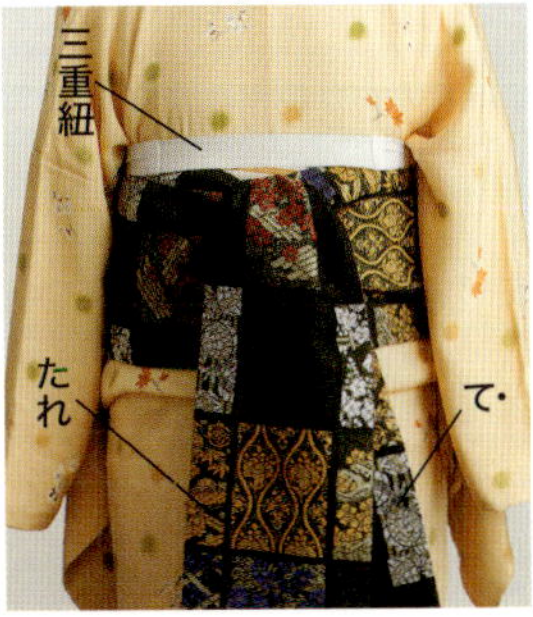

＊帯を胴に二巻きするまでは、14 ～ 15ページ参照。

2 たれを元からきれいに広げ、右肩の先に当てて羽根をとり、さらにもう一枚重ねて（少し控えめ）羽根をとります。

3 残りのたれを折り返して、二枚の羽根に重ねます。

4 羽根の中心に二つ山ひだをとり、ゴムで留めます。

5 羽根を三重紐の二本め（真ん中）の紐で押さえ、右肩に当てます。

6 三重紐の上に帯揚げを当て、前にまわして結びます。てを折り上げます。

＊帯揚げの結び方は40 ～ 41ページ。

7 帯枕の上に帯揚げをかぶせて前にまわして結びます。てを折り上げて三重紐の一本め（背中側）で押さえます。

8 てを下から結び目に通して上に出します。たれ先とて先の羽根を折り返して整え、帯締めを結びます。

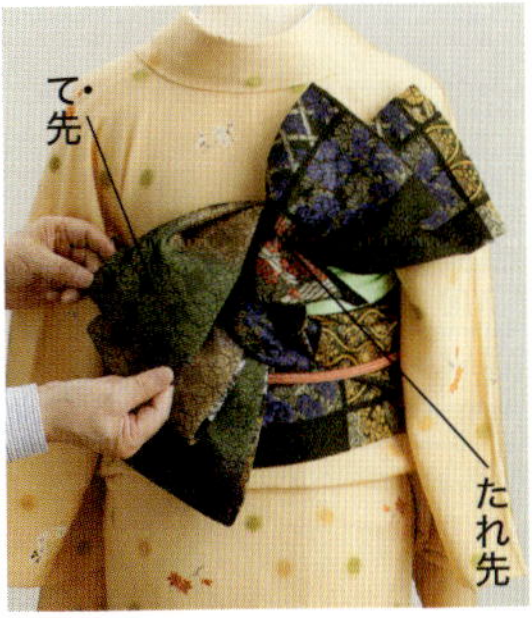

＊帯締めの結び方は38 ～ 39ページ。

長襦袢の着付け

きものの下に着る長襦袢は、上下つながったタイプもありますが、ここでは手軽で便利な壱《いち》の蔵《くら》オリジナルの二部式襦袢の着方を紹介します。肌着も兼ねているため、肌襦袢と裾《すそ》よけを省略することができます。

1 足袋をはき、下半身に長襦袢の下(裾よけ)をつけたら、長襦袢の上(半襦袢)をはおります。両脇があいているので、体型を選びません。

半衿付き
裾よけ

2 背中心を合わせ、衣紋《えもん》の抜き加減を決めたら、後ろ身頃を仮紐で固定します。

衣紋
仮紐

3 半襦袢の衿を合わせたら、左右の衿についている紐を後ろにまわします。下前の紐は、左脇から後ろへ。

伸縮性のある紐

4 左右の紐は、半襦袢の背中に縫い付けられている左右のループ紐にそれぞれ通します。

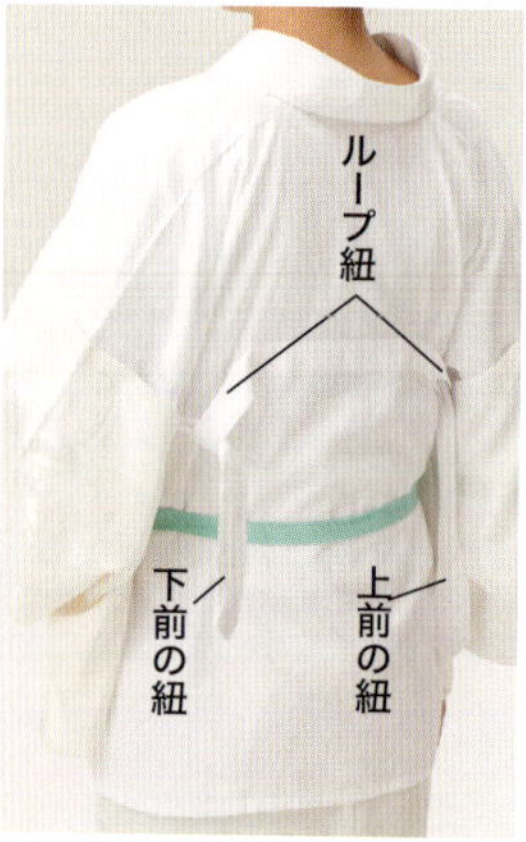
ループ紐
下前の紐
上前の紐

半襦袢には伸縮性の紐がついているため、しっかり結んでもこんなに余裕が。

半襦袢
袖は取り外し自由で、ほかの色柄に替えられる
裾よけ

二部式長襦袢の着付けのでき上がり。和装ブラジャーを用いる場合は、半襦袢を着る前につけておきます。

薄手のきものを着る場合は、表に半襦袢が響くことも。そんなときは、半襦袢の上に裾よけをつけて。

5 左右の紐を引いて、前にまわします。

6 左右の紐を前で片蝶結びにしたら、仮紐を外します。

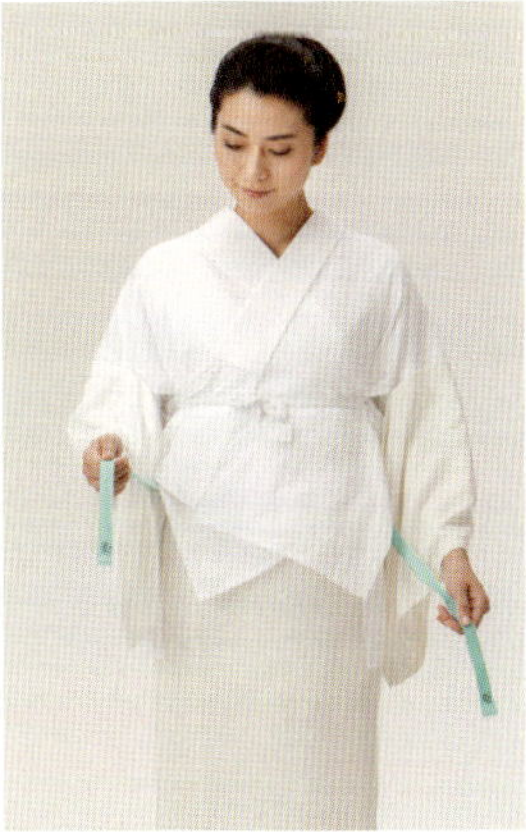

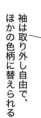

きものの着付け

色無地を例に着付けの流れを紹介しますが、ほかのきものも同様に着ます。ここでは胸紐に伸縮性のある「らくらく紐」（壱の蔵オリジナル）を使用しています。

1　きものをはおったら、両方の掛け衿を合わせて背中心を合わせます。

2　片方の手で衿先、もう一方の手で背縫いを持ってきものを持ち上げ、足袋が見えるくらいに着丈を決めます。

3　右手で持った下前を開き、左手で持った上前を合わせます。脇線が体の真横にくるくらいに、上前幅（身幅）を決めます。

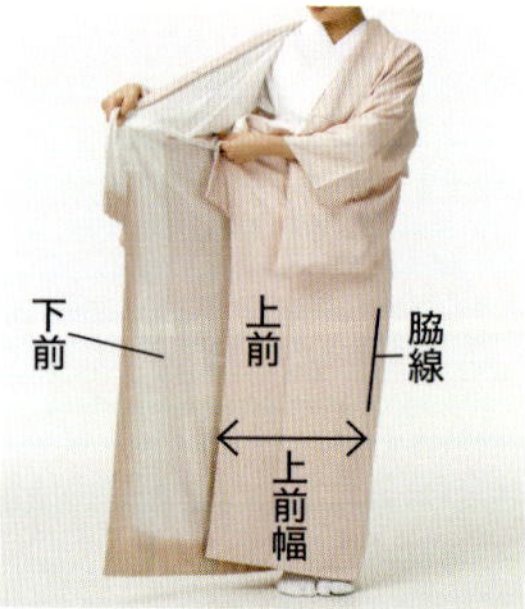

4　上前をいったん開き、下前を合わせてから、褄《つま》（褄先）を10㎝ほど上げます。

5　上前を合わせて褄を5㎝ほど上げ、腰骨の少し上（ウエストの補整をしてある場合）に、腰紐を当てます。

6　腰紐は前から後ろにまわし、交差させて前に戻します。

7

前にまわした腰紐は体の中心を外して結びます。左右を交差させて腰に巻いた紐にくぐらせてから、片方に輪をつくって片蝶結びにし、紐端をはさみます。

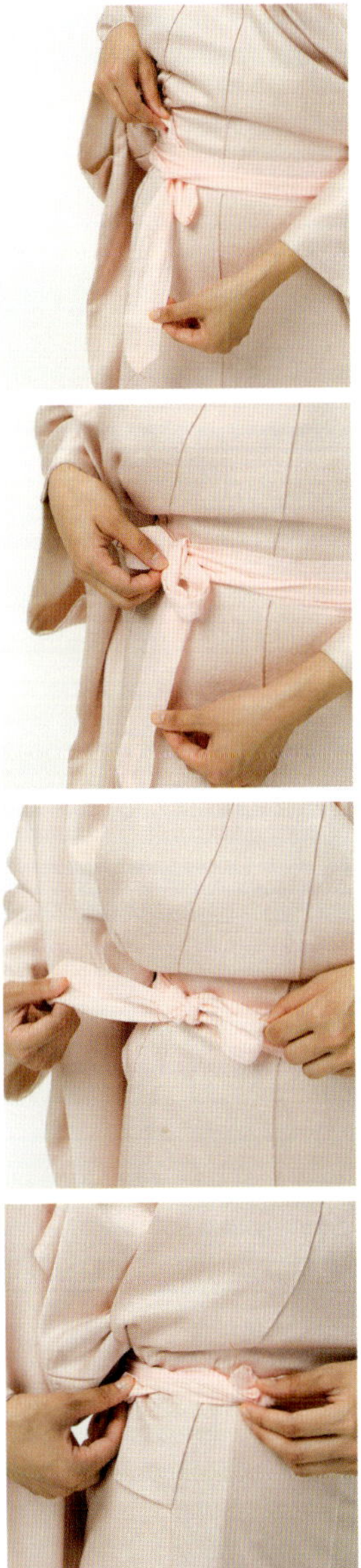

8

左右の身八つ口から両手を入れて、手刀で前と後ろのおはしょりの布目を通します。

身八つ口
おはしょり

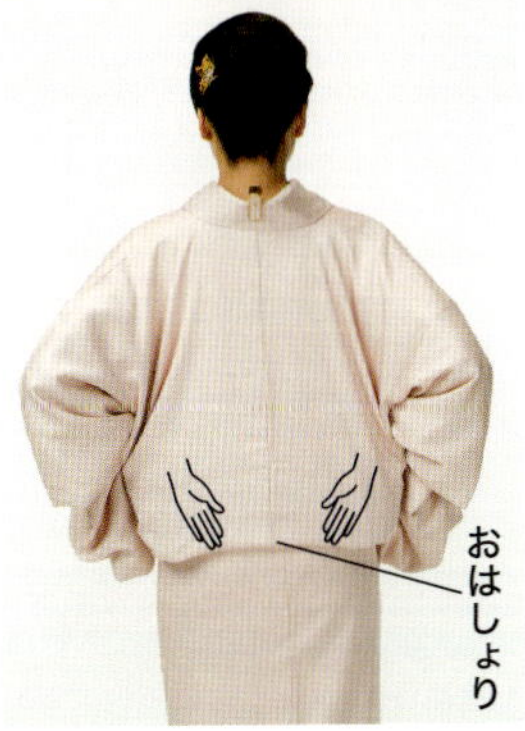
おはしょり

9

右手で下前の衿を半衿に沿わせて、掛け衿の下くらいまで整えます。左手は身八つ口から入れて、衿を持ちます。

10

下前の掛け衿の下から、斜めに折り上げます。こうすると、上前のおはしょりだけになるので、帯下に出るおはしょりがすっきりします。

上前のおはしょり
下前のおはしょり

11

折り上げた下前のおはしょりを押さえるように胸紐を当て、後ろにまわします。

左側は身八つ口を通して、後ろへ
伸縮性のある胸紐

12 胸紐は後ろで交差させて一回からげます。伸縮性があり、滑りにくい素材(包帯と同じ)なので、きつく結ばなくても解けません。

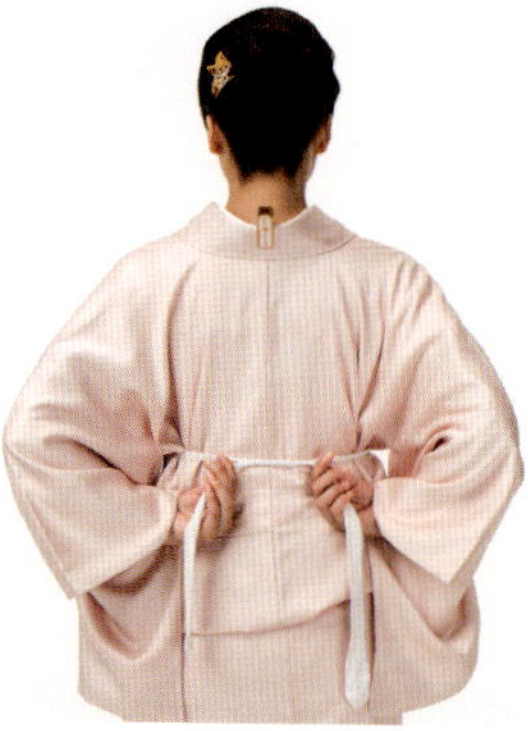

13 左手で背中心と胸紐を押さえ、右手の親指で右側のしわを脇に寄せます。

14 同様にして、左側のしわを脇に寄せます。

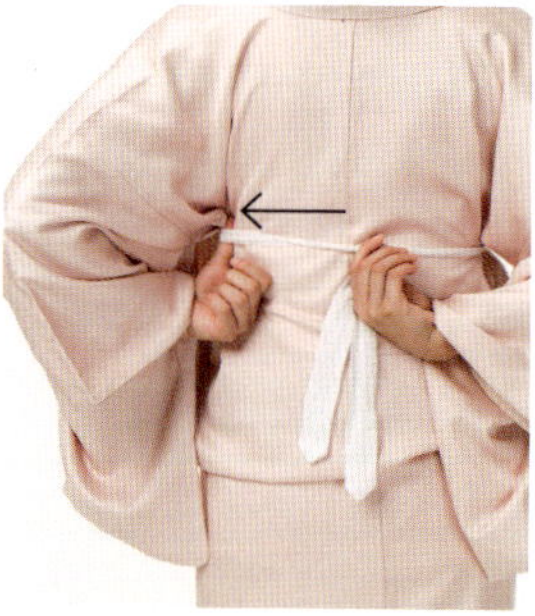

15 下前に合わせて、上前の衿を整えます。

16 後ろで交差させた胸紐を前にまわし、片蝶結びにします。

17 脇に身頃のあまりがたまっている場合、右脇のあまりは前に寄せて上前のおはしょりに入れ込みます。

18 左脇のあまりは寄せて、前から後ろにタックをたたみます。後ろ衿のクリップを外します。

きものを着たら、伊達締めの上に帯板を当て、帯結びの準備OK。

19 おはしょりの底をまっすぐにしたい場合は、余分のおはしょりを持ち上げ、クリップで留めます。

20 後ろのおはしょりも持ち上げて、前と後ろのおはしょりの底がまっすぐになるように整えます。

21 余分のおはしょりを押さえるように、伊達締めを結びます。この後、クリップを外します。これできものの着付けができ上がり。

監修・指導 ＊ 弓岡勝美
ブックデザイン ＊ コスミカ（川尻まなみ、三浦明子）
撮影 ＊ 西山 航・伏見早織（世界文化社）
モデル ＊ 齊木由香　井上貴美
ヘア&メイク ＊ 小川美美
きものコーディネート・着付け ＊ 春日ノリヲ（壱の蔵）
校正 ＊ 河野洋子
編集 ＊ 宮下信子　古谷尚子（世界文化社）

撮影協力
壱の蔵 青山サロン　☎ 03-6450-5701
井登美東京店　☎ 03-3662-2661
京絞り寺田　☎ 075-406-5571
京都遊禅庵　☎ 075-223-5293
日本橋 成匠　☎ 03-5640-8568
よねざわ新田　☎ 0238-23-7717

付け下げ・色無地・小紋・紬に
おとなの半幅帯結び
スタイルブック

発行日／2016年12月20日　初版第1刷発行
　　　　2022年 9 月10日　　第9刷発行
監修／弓岡勝美
発行者／秋山和輝
発行／株式会社 世界文化社
〒102-8187
東京都千代田区九段北4-2-29
編集部　☎03-3262-5751
販売部　☎03-3262-5115
DTP製作／株式会社明昌堂
印刷・製本／株式会社リーブルテック

ISBN 978-4-418-16437-0